Christoph Morgner · Passt der Islam zu Deutschland?

Christoph Morgner

Passt der Islam zu Deutschland?

Ein Zwischenruf

Bibliografische Information der Deutschen Nationalbibliothek
Die Deutsche Nationalbibliothek verzeichnet diese Publikation in der
Deutschen Nationalbibliografie; detaillierte bibliografische Daten sind
im Internet über http://www.dnb.de abrufbar.

ISBN 978-3-8429-1007-2

Bestell-Nr. 5.121.007
© 2016 mediaKern GmbH, 46485 Wesel
Umschlagbild: Getty Images / tichr
Umschlaggestaltung, Layout, Satz: Ch. Karádi
Lektorat: Dr. Ulrich Parlow
Gesamtherstellung: CPI – Ebner & Spiegel, Ulm
Printed in the EU 2016

www.media-kern.de

Inhalt

Vorwort	7
1. Warum dieses Buch?	9
2. Der Islam gehört zwar zu Deutschland …	19
3. … aber Deutschland ist anders geprägt	25
4. Die kulturelle Differenz	39
5. Reibungsflächen	43
6. Der Koran: Was gilt denn nun?	61
7. Bau von Moscheen	72
8. Islamischer Religionsunterricht	76
9. Eine unendliche Geschichte: das Kopftuch	80
10. Integration – leichter gesagt als getan	83
11. Die Mammutaufgabe	92
12. Schritte der Integration	106
13. »Klarheit und gute Nachbarschaft«	115
14. Erwartungen	127
Anmerkungen	133

Vorwort

Wer sich zu diesem brisanten Thema äußert, befindet sich in einer schwierigen Lage. Weniger wegen der politischen und religiösen Inhalte als vielmehr wegen der aktuellen Ereignisse, die sich seit »Nine Eleven«, dem berühmt-berüchtigten 11. September 2001 in New York, sprunghaft gehäuft haben. In Europa, Asien und Afrika wütet islamistischer Terror, angestachelt durch Gruppierungen wie den IS (»Islamischer Staat«), al-Qaida oder Boko Haram. Oft überschlagen sich die Ereignisse.

Wenn nun ein Buch darüber erscheint, das naturgemäß Monate davor geschrieben worden ist, wird sich wahrscheinlich erneut Schreckliches ereignet haben, verursacht durch einzelne Personen, die »einsamen Wölfe«, gleichsam »Ich-AGs des Terrors«, oder durch größere Gruppen wie die oben genannten. Hier halten uns die aktuellen Nachrichten und die Medien auf dem Laufenden.

Aber die zeitliche Spanne ist kein Schade. Denn in dem Buch geht es nicht um tagesaktuelle Ereignisse, sondern um die größeren Zusammenhänge. Die sollen helfen, das aktuelle Geschehen einzuordnen und besser zu verstehen. Dabei wird nicht zu vermeiden sein, an manchen Stellen vermintes Gelände zu betreten. Dieses Risikos bin ich mir bewusst.

Ich danke allen, die mir beim Entstehen des Buches geholfen haben: vor allem meiner Frau Elfriede, die mich sachkundig und geduldig begleitet hat, und daneben meiner Enkelin Miriam Morgner, die Korrektur gelesen hat. Außerdem danke ich dem Lektor Dr. Ulrich Parlow des Verlags mediaKern für die fördernde und zugleich korrigierende Begleitung und nicht zuletzt auch für die Geduld, die er für mich und meine ständigen Änderungsvorschläge aufgebracht hat.

Garbsen, Oktober 2016
Reformationstag
Dr. Christoph Morgner, Präses i. R.

1. Warum dieses Buch?

Das muss vorweg gesagt werden
»Wie können Sie nur so negativ über den Islam herziehen?«, regt sich eine aufgebrachte Zuhörerin nach meinem Vortrag auf. Sie ist mit meiner Darstellung völlig unzufrieden. Das macht mich nachdenklich. Liege ich mit meiner Sicht der Dinge falsch? Habe ich einseitig argumentiert? Das kann ja vorkommen, sollte aber nicht sein! Gerade in brisanten Fragen kann das zu einer heiklen Angelegenheit werden.

Eigentlich müsste mir das negative Urteil zu denken geben, hätte nicht der gleiche Vortrag auch die entgegengesetzte Reaktion ausgelöst: »Wie können Sie den Islam nur so beschönigen! Alles ist doch viel ärger, als Sie das dargestellt haben!«

Unterschiedliche Reaktionen auf den gleichen Vortrag! Das irritiert, hat aber für mich durchaus etwas Beruhigendes: Denn wenn man von beiden Seiten geschlagen wird, bleibt man bekanntlich gerade. Dann kann das, was man vorgetragen hat, so falsch wohl nicht gewesen sein.

Fakt ist: Die meisten haben ein Bild vom Islam vor Augen, das ihren örtlichen Erfahrungen entspringt. Wer freundliche Muslime kennt, womöglich sogar einen Deutsch sprechenden Imam in der Nachbarschaft hat, der bekommt automatisch einen günstigen Eindruck vom Islam. Anders geht es denen, die ständig Querelen mit Muslimen haben: beispielsweise dem Rektor einer Schule, der sich mit türkischen Eltern auseinandersetzen muss. Einige wollen ihre Töchter partout nicht am Schwimmunterricht teilnehmen lassen und ihnen auch die Teilnahme an der Klassenfahrt verbieten. Hier wird der Islam zum ärgerlichen Störfaktor. Kein Wunder, dass man dieser Religion und ihren Angehörigen nichts Gutes abgewinnen kann! Und wenn dann noch von islamistischen Anschlägen berichtet wird, verfinstert sich das Islambild zusehends.

Wird irgendwo das Thema Islam angesprochen, gehen gewöhnlich die Wogen hoch. Gelassenheit: Fehlanzeige. Nicht nur in den großen Medien, sondern auch am Stammtisch, beim Kaffeekränzchen oder in Kirchengemeinden überschlagen sich besorgte und aufgeregte Stimmen. Zustimmung und Ablehnung schwirren wild durcheinander. Pro und Kontra stoßen sich hart im Raum, gewöhnlich eingefärbt in Schwarz oder Weiß, richtig oder falsch. Zwischentöne sind selten.

Die Stimmung wird durch immer neue Ereignisse aufgeheizt, die mehr oder weniger mit dem Islam in Verbindung gebracht werden. Ob Paris, Brüssel, Köln, Orlando, Nizza oder München – die negativen Schlagzeilen sind garantiert. Ängste brechen auf. Unsicherheit und Wut machen sich breit. Wen wundert's, dass skeptische oder gar ausländerfeindliche Stimmen und entsprechende Demonstrationen regen Zuspruch finden!

Eine politische Szene, die das nicht ernst, geschweige denn wahrnimmt, geht an den Realitäten vorbei und muss sich nicht wundern, dass Wähler in Gefilde abdriften, in denen ihr Unbehagen aufgegriffen und artikuliert wird, wenn auch oft in holzschnittartiger Verzerrung.

Doch weder Blauäugigkeit noch geschwollene Zornesadern sind gute Ratgeber. Hassparolen und feindselige Transparente vergiften das innere Klima in unserem Land.

Umso wichtiger ist es, dass wir uns nicht unreflektierten Emotionen überlassen, sondern uns ruhig und überlegt mit dem Sachverhalt auseinandersetzen, dass Muslime in unserem Land leben und arbeiten. Wir müssen uns dabei von allen Wunsch- und Feindbildern verabschieden, die den Islam betreffen, und in die Realitäten eintauchen.

Weil das Bild vom Islam je nach Standort so unterschiedlich eingefärbt ist, liegt mir in diesem Buch daran, mich nicht den jeweiligen Stimmungen und Erfahrungen anzuschließen, sondern anhand stichhaltiger Untersuchungen, Analysen und Statistiken die Frage anzugehen: »Passt der Islam zu Deutschland?« Diese Frage ist brennender denn je. Spätestens seit dem Zuzug von mehr als einer Million Flüchtlingen kommt keiner um diese Frage herum, der über die Zukunft unseres Landes nachdenkt.

So ging das Diskutieren los

»Der Islam gehört zu Deutschland«, stellte im Jahr 2010 der damalige Bundespräsident Christian Wulff schlicht und einfach fest. Einige Zeit später pflichtete ihm Bundeskanzlerin Angela Merkel bei. Doch der nachfolgende Bundespräsident Joachim Gauck hielt dagegen: »Der Islam gehört nicht zu Deutschland.« Was stimmt denn nun? Wer der obersten Repräsentanten Deutschlands hat recht?

Die Irritation wird durch schiere Ahnungslosigkeit verstärkt. Dementsprechend hören wir, wenn es zu islamistischen Terrorakten gekommen ist, allseits besänftigende Töne: »Mit dem Islam hat das aber überhaupt nichts zu tun. Er ist eine friedliche Religion.« So ertönt es reflexhaft nicht nur von muslimischen Vertretern, sondern leider oft auch von kirchlicher Seite. Der Wunsch, sich den Fakten zu stellen, ist um eines scheinbar lieben Friedens willen wenig ausgeprägt. Man beschwichtigt, indem man von unserer christlichen Art des Glaubens ausgeht und der Überzeugung anhängt, dass ein Gott – wo auch immer – stets auf der Seite des Anständigen und Guten stehen müsse. Doch wer das meint, hat den Koran noch nicht gelesen.

Ja, die Ahnungslosigkeit reicht leider bis in den Raum der Kirche hinein. Sie hat einen schlichten Grund. Man kann nach wie vor evangelischer Pfarrer werden, ohne sich intensiv mit dem Islam beschäftigen zu müssen. Die Religionswissenschaft gilt als sogenanntes Orchideenfach. Es ist zwar interessant, aber die Kenntnis seines Lehrstoffs wird nicht für die theologischen Examina vorausgesetzt. Das kann man sich gern ersparen. Wen wundert es, dass es dann zu blauäugigen Reaktionen kommt? »Der Islam redet von Gott, von Abraham, von Mose und von Maria und Jesus. Wir als Christen auch. Im Islam wird gebetet. Bei uns auch. Der islamische Koran hat seine Suren, wir die biblischen Kapitel. Also legen wir das zusammen, zumindest gelegentlich.«

Doch dabei wird Unverträgliches zusammengemixt. Denn jede Art von Religionsvermischung gaukelt eine Einheit vor, die sachlich nicht vorhanden ist. Jede Religion ist eine Welt für sich und vertritt einen absoluten Wahrheitsanspruch. »In der Begegnung von Religionen und Weltanschauungen treffen ›Endgültigkeitsansprüche‹ (Hans Zirker) aufeinander, die sich […] nicht harmonisieren lassen.«[1] Deshalb sind Religionen nicht miteinander kompatibel. Hierbei wird Unvereinbares miteinander vermengt. Damit nimmt man das unverwechselbare Kolorit der einzelnen Religionen – auch der christlichen – nicht ernst. Der Respekt vor der eigenen, aber auch vor einer anderen religiösen Überzeugung verbietet zusammenzufügen, was nicht zusammengehört. Es kann keine religiöse Ökumene geben, denn »andere Religionen [präsentieren] einen anderen Entwurf ihrer Gotteserfahrung und Gottesverehrung«[2].

Konkret heißt das: »Die Heilsbedeutung von Jesu Tod und der Glaube an den dreieinigen Gott sind christliche Glaubensüberzeugungen, denen Muslime bei aller Wertschätzung Jesu als Prophet nicht folgen, die sie vielmehr ausdrücklich ablehnen. Ein gemeinsames Gebet in dem Sinne, dass Christen und Muslime ein Gebet gleichen Wortlauts zusammen sprechen, ist nach christlichem Verständnis nicht möglich, da sich das christliche Gebet an den Einen Gott richtet, der sich in Jesus Christus offenbart hat und durch den Heiligen Geist wirkt.«[3] Deshalb ist die Richtlinie für die evangelischen Kirchengemeinden klar: »Auch jegliches Missverständnis, es finde ein gemeinsames Gebet statt, ist zuverlässig zu vermeiden.«[4] Natürlich ist jedoch »die respektvolle Teilnahme am Gebet der jeweils anderen Religion« möglich.[5]

Das islamische Ansehen auf dem Tiefpunkt

Fakt ist: Das Ansehen des Islam befindet sich auf einem Tiefpunkt. So hat es bereits der Religionsmonitor der Bertelsmann Stiftung im Jahr 2015 erhoben: »Obwohl Muslime mittlerweile in Deutschland heimisch geworden sind, lehnt die deutsche Mehrheitsbevölkerung Muslime und den Islam zunehmend ab. Über die Hälfte der Bevölkerung nimmt den Islam als Bedrohung wahr und ein noch höherer Anteil ist der Ansicht, dass der Islam nicht in die westliche Welt passt.

Diese Ablehnung des Islams hat in den letzten zwei Jahren noch deutlich zugenommen.«[6]

Das wird von »infratest dimap« bestätigt, demzufolge 60 Prozent der Deutschen den Islam keineswegs als Teil Deutschlands sehen. Die Stimmung gegenüber dem Islam hat sich in jüngster Zeit weiter in Richtung Skepsis bzw. Ablehnung verändert. Stimmten 2010 noch fast die Hälfte der Befragten der oben zitierten Aussage von Bundespräsident Wulff zu, hat sich das in der Zwischenzeit geändert. »Je älter, desto eher sind die Befragten heute dem Islam gegenüber kritisch eingestellt.«[7] Bei den 18- bis 34-Jährigen halten sich die Meinungen die Waage, während bei denen, die über 65 Jahre alt sind, das Pendel mit 71 Prozent deutlich in die islamkritische Richtung weist. Drei von vier Befragten – quer durch alle Altersstufen – haben Angst vor einem islamistischen Terroranschlag.

Andererseits, so eine Untersuchung im Exzellenzcluster »Religion und Politik« an der Universität Münster, in dem sich mehr als 200 Wissenschaftler engagieren, fühlen sich 90 Prozent der Türkischstämmigen in Deutschland wohl. 51 Prozent sehen sich jedoch als Bürger zweiter Klasse.[8]

Ein Kartell des Verschweigens?

Die Diskussionen werden auch dadurch ständig neu angefacht, dass in der Öffentlichkeit der Eindruck entstanden ist: Über den Islam und Muslime wird in unseren Medien nicht offen geredet; das gehört sich offensichtlich nicht! Nach den Ereignissen in der Silvesternacht 2015/16 in Köln sickerte in den Medien erst nach und nach durch, dass die übergriffigen Täter nordafrikanischer Herkunft waren. Oder ein anderes Beispiel von zahlreichen anderen: Ein Polizeibeamter aus einer westfälischen Großstadt berichtete im Fernsehen, dass die Zahl der Vergewaltigungen stark angestiegen sei; es habe jedoch bislang nicht offiziell gemeldet werden dürfen, dass 85 Prozent der Täter türkisch-muslimischer Herkunft waren.

In der politisch links angesiedelten TAZ stellt der Psychologe Ahmad Mansour in einem Essay unter dem bezeichnenden Titel »Wir sind nicht eure Kuscheltiere« fest: »Muslime und Menschen mit ›Migrationshintergrund‹ genießen bei linken, progressiven Zeitgenossen in Deutschland besondere Sympathie und Solidarität.«[9] In dem legitimen Bemühen, Rassismus und Vorurteile abzubauen, werden dabei vor solchen muslimischen Traditionen die Augen verschlossen, die eine eindeutig autoritäre Erziehungs- und Rechtskultur pflegen und die in einem freiheitlich-demokratischen Staat nichts zu suchen haben. Jugendämter sollen »kultursensibel« mit Eltern und Kindern umgehen, auch wenn auf der Hand liegt, dass die Kinder mit Drohungen eingeschüchtert und mit Gewaltmaßnahmen erzogen werden. Die Rücksicht auf Traditionen und Gebräuche nimmt für manche Gruppierungen offensichtlich einen höheren Stellenwert ein als das Ziel, Migranten in einen freiheitlich-demokratischen Rechtsstaat zu integrieren und Verhaltensweisen einzufordern, die diesem Staatswesen entsprechen.

Diesem Denken entspricht auch das Verhalten einer jungen linken Politikerin, die von mehreren jungen muslimischen Migranten vergewaltigt wurde. Sie brachte das zunächst nicht zur Anzeige, um nicht das Bild der Migranten insgesamt zu schädigen. Später wurde dann doch Anzeige erstattet.[10]

Auch Muslime selbst, die sich kritisch über ihre eigenen Religionsinhalte und -gebräuche äußern, werden laut Ahmad Mansour von »Grünen, Linken und sogar Sozialdemokraten mit Argwohn betrachtet«.[11] Dass Mansour arabischer Herkunft ist, unterstreicht die Brisanz seiner Aussagen.

Es herrscht offensichtlich ein Kartell des Verschweigens. »Öffentliche Stellen versuchen, die Veröffentlichung von Studien zu verhindern, die muslimischen Antisemitismus aufdecken.«[12] Das Problem wird verdrängt. »In Deutschland ist diese Praxis der journalistischen Selbstzensur sogar im Pressekodex vorgeschrieben. Um ethnische Spannungen nicht anzuheizen, sind Journalisten der Volkserziehung mehr verpflichtet als der Wahrheit. Die Praxis trägt auf Dauer zu einer Erosion des gesellschaftlichen Vertrauens bei.«[13]

Bassam Tibi, ein deutscher Politikwissenschaftler syrischer Herkunft, der in diesem Buch noch öfter zu Wort kommen wird, erzählt: »Ich kenne eine somalische Familie, die schon im amerikanischen Ohio gelebt hatte. Der Vater beklagte sich, dass man in Amerika arbeiten müsse und wenig verdiene. Er hat es geschafft, aus Amerika nach Deutschland zu kommen und zu suggerieren, er wäre gerade aus Somalia geflohen. Amerika hat ihm nicht gefallen. Also hat er gelogen. Nun hat er eine Wohnung, und die vier Kinder bringen ihm insgesamt so viel Geld ein, wie ich als pensionierter Professor verdiene. Er ist schon drei Jahre hier und spricht kein Wort Deutsch. Das wird er auch nicht lernen. Man muss über solche Fälle reden dürfen!«[14]

Darf man aber nicht, oder? Doch je mehr der Eindruck entsteht, dass über Problematisches nicht offen berichtet werden darf, desto diffuser schwirren die Vermutungen umher. Desto mehr wird die Gerüchteküche angeheizt.

Verschwörungstheorien haben Hochkonjunktur. Das Munkeln über geheime Absprachen nimmt zu und mehrt die Verdrossenheit über die gegenwärtige Politik und ihre Vertreter. Deren Verhalten leitet Wasser auf die Mühlen derer, die jede Art von Migration ablehnen und das auch lautstark oder gar gewalttätig bekunden. Wenn aber ein Unbehagen, und sei es auch nur wenig begründet, nicht ausgesprochen werden darf, entsteht die böse Saat des Misstrauens. Sie vergiftet schleichend das Vertrauen in den Staat und seine Organe.

Darüber hinaus wird auch das Vertrauen in die Medienkultur beschädigt. Zwar ist dieses seit jeher in Deutschland unterschiedlich ausgeprägt – je nach Zeitung oder Zeitschrift. Je größer die Lettern, desto größer die Skepsis (ob berechtigt oder nicht). Aber man ging bisher davon aus, dass es vertrauenswürdige, seriöse Medien gebe, mit unstrittigem Wahrheitsgehalt in ihren Meldungen. Das traf in gleicher Weise auf die großen Fernsehsender zu. Nun tauchen leise Fragen auf: Sind unsere Leitmedien tatsächlich vor allem der Wahrheit verpflichtet? Geben sie unbestreitbare Tatsachen wieder? Berichten sie nach bestem Wissen und Gewissen, und das neutral und objektiv?

Sollte sich der Eindruck festsetzen, es könnte um der politischen Wirkung willen etwas verschwiegen oder verdreht werden, wäre das verhängnisvoll. Wem soll man denn dann noch glauben? Welchen Meldungen und welcher Statistik kann man noch voll und ganz vertrauen? Ist das Gift der Lüge nicht bereits überall eingesickert? Kein Wunder, dass in entsprechenden Demonstrationen lautstark »Lügenpresse« skandiert wird. Ein beschädigtes Vertrauen in die prägenden Medien öffnet brodelnden Gerüchteküchen in den elektronischen Medien Tür und Tor. Geschwundenes Vertrauen lässt sich nur schwer wiederherstellen.

Das kann sich eine Demokratie auf Dauer nicht leisten. Sie lebt schließlich vom Vertrauen ihrer Bürger in die Redlichkeit und Transparenz dessen, was sich politisch zuträgt. Wird dieses nachhaltig erschüttert, erleidet das demokratische Gefüge irreparablen Schaden. »Die Wahrheit wird euch frei machen« (Johannes 8,32). Dieser Satz von Jesus gilt auch in diesem Zusammenhang.

Was dieses Buch will

Es geht mir in diesem Buch vorrangig um die politisch-kulturelle Dimension. An Büchern, die sachkundig über die Inhalte der islamischen Lehre und über die Bräuche muslimischen Lebens informieren oder die sich mit dem Verhältnis zwischen Christentum und Islam beschäftigen, herrscht kein Mangel. Diese Aspekte bleiben daher weithin ausgeblendet, weil der Schwerpunkt des Buches ein anderer ist.

Unsere Frage, ob der Islam zu Deutschland passt bzw. gehört, beantworte ich zunächst zweifach, um dann im Folgenden einige Reibungsflächen aufzuzeigen und Problemfelder zu beleuchten.

2. Der Islam gehört zwar zu Deutschland …

Wer wollte das bestreiten? Der Islam ist zweifellos vorhanden. Er gehört dazu, genauso wie der Buddhismus, der Hinduismus und die Zeugen Jehovas zu Deutschland gehören. Moscheen, Gebetshäuser, Frauen mit Kopftuch und Döner sind mittlerweile selbstverständlich. Menschen unterschiedlicher Religionen leben in unserem Land. Dieses versteht sich als freiheitliche Demokratie. Und die Religionsfreiheit ist einer ihrer wesentlichen Bestandteile. Jeder darf der religiösen Überzeugung anhängen, die ihm wichtig ist. »Die Vielfalt der Religionen und Weltanschauungen ist zu einer alltäglichen Erfahrung geworden.«[15]

Nun hat sich in den vergangenen Jahrzehnten der Islam bei uns einquartiert. Zunächst waren es Gastarbeiter, die aber nicht, wie es ursprünglich geplant war, wieder in ihre Heimat zurückkehrten. Sie wurden in Deutschland heimisch und holten ihre Familien nach. Nun gehören sie einfach dazu, derzeit ca. vier Millionen Muslime, davon fast zwei Drittel aus der Türkei, mittlerweile über eine Million Muslime mit deutschem Pass. Ein Großteil von ihnen ist bereits in Deutschland geboren, die anderen sind zugewandert.

Diese islamische Präsenz infolge von Arbeitsimmigration wird nun durch mehr als eine Million Flüchtlinge verstärkt, von denen grob geschätzt ca. 90 Prozent muslimisch sind. Wie es politisch und humanitär in der Flüchtlingsfrage weitergehen wird, ist noch völlig offen. Die Problemfelder liegen auf der Hand: Integration, Familiennachzug, Abschiebung usw. Um vieles wird politisch gerungen. Wie damit umzugehen ist, gehört zu den Spitzenthemen in Politik, Wirtschaft und Medien.

Leider wird weder politisch noch in der Öffentlichkeit zwischen Flüchtlingen und Einwanderern unterschieden. Flüchtlinge haben ihre Heimat verlassen, weil sie dort um ihr Leben fürchten mussten. Sie haben beschwerliche Überfahrten und Wege auf sich genommen, um endlich in Sicherheit zu sein. Viele sind traumatisiert. Es sind »Menschen mit ihren Nöten und Sorgen, mit ihren zerbrochenen Lebensentwürfen«.[16] Ihnen gebührt ein Bleiberecht, solange die gefährliche Lage in ihrem Heimatland andauert. Eine Obergrenze kann es hier nicht geben. Ihnen alle Zuwendung zukommen zu lassen, die ihnen hilft, in dem neuen Land zurechtzukommen, ist selbstverständlich. Ob es dann zu einer Rückkehr kommt, hängt von vielen Faktoren ab.

Einwanderer dagegen haben ihre Heimat verlassen, um in Deutschland bessere Lebensmöglichkeiten zu finden. Das ist zwar subjektiv verständlich, begründet aber keinen dauerhaften Aufenthaltsstatus in Deutschland, es sei denn, Deutschland würde davon profitieren. Hier muss der Staat deutliche Grenzen ziehen, um seine Sozialsysteme nicht zu überlasten. Deshalb ist ein Einwanderungsgesetz vonnöten, in dem die legale Zuwanderung nach Deutschland ermöglicht wird.

Gesamtpaket Islam

Aber die Präsenz des Islam beschränkt sich nicht nur auf das Quantitative. Mit dem Islam gehören auch, ob es gefällt oder nicht, der Islamismus, der Salafismus, der Wahhabismus und die Scharia, das islamische Rechtssystem, zu Deutschland. Es gibt den Islam nur als Gesamtpaket. Durch ihn kommt mit der anderen Religion auch eine andere Kultur zu uns, die zu hohen Teilen von dieser Religion geprägt ist. Jede Religion hat kulturbestimmende Folgen. Sie prägt das Wertesystem und das Zusammenleben der Menschen.

Leider wird das in Deutschland von vielen übersehen, weil sie persönlich den religiösen Bezug verloren haben oder nur spärlich pflegen. Wer in seiner eigenen Lebenspraxis Religiosität weder kennt noch praktiziert, wird dazu neigen, sie als eine zu vernachlässigende Größe zu betrachten. Diese Haltung und Sichtweise setzt man in gleicher Weise bei anderen voraus. Doch damit begeht man einen großen Fehler, denn in jeder Religion – wie übrigens auch im Atheismus – liegt eine prägende Kraft. Und gerade den Menschen, die aus anderen Ländern zu uns kommen, ist sie in den allermeisten Fällen hochheilig.

Biblisches Intermezzo

Die veränderte Lage muss nicht befremden. Wer sich im Rahmen der rechtlichen Möglichkeiten in unserem Land niederlässt, gehört dazu. Das entspricht nicht nur unserem demokratischen Staatswesen, sondern auch guter biblischer Tradition. Bereits im Alten Testament kommt dem »Fremden« ein hoher Stellenwert zu. Ihm gebührt Wertschätzung. Wer ihn verachtet, verachtet Gott. Der Fremde oder Ausländer genießt im Alten Testament nicht zuletzt deshalb hohe Aufmerksamkeit, weil das Volk Israel einst selbst »fremd« in Ägypten war (2Mose 22,20; 23,9).

Es wird im hebräischen Alten Testament dabei grob unterschieden zwischen dem »ger«, der innerhalb des Landes wohnte: Er hatte Rechte und Pflichten (3Mose 16,29), konnte Häuser besitzen (1Mose 19,9), erhielt aber kein volles Bürgerrecht. Ihm soll in der Not geholfen werden (3Mose 25,35). In späteren Zeiten hatte er die Aussicht, in das Volk Israel eingegliedert zu werden (Jesaja 56,3). Der »ger« musste die Ordnung und den Glauben Israels respektieren und sich positiv in die vorgegebene Struktur einfügen. Tat er das, durfte er sich am religiösen Leben Israels beteiligen (2Mose 12,48 f.; 4Mose 15,14–16).

Die Propheten wenden sich scharf dagegen, dass die Lage der Fremden ausgenutzt wird, um sie um ihr Hab und Gut oder gar um ihr Leben zu bringen (siehe etwa Psalm 94,6). Wie mit Fremden umgegangen wird, dient gleichsam als Gradmesser für das Verhältnis zu Gott. So meint es auch Jesus: »Ich bin ein Fremder gewesen und ihr habt mich aufgenommen« (Matthäus 25,35).

Auch dem »nokri«, so das andere hebräische Wort für »Fremder« oder »Ausländer« im Alten Testament, gebühren Respekt und Wertschätzung. Von ihm durfte man allerdings – anders als beim »ger« – Zins nehmen (5Mose 23,21), was unter Israeliten verboten war (2Mose 22,24). Der »nokri« blieb gewöhnlich nur kurze Zeit im Land. Sein Interesse an den heiligen Ordnungen Israels war deshalb nur mäßig ausgeprägt. Er war fremd und blieb fremd.

Diese generelle Wertschätzung der Fremden wird im Neuen Testament vom Apostel Paulus unterstrichen. Sie bezieht sich nun jedoch nicht mehr nur auf die Glieder des Volkes Israel, sondern er hat alle Christen im Auge, wenn er an die Gemeinde in Philippi schreibt: »Eure Güte lasst kund sein allen Menschen!« (Philipper 4,5). Ausnahmen sind dabei nicht vorgesehen, zumal die göttliche Liebe allen Menschen ohne Ausnahme gilt (Johannes 3,16; 1 Timotheus 2,3 f.). Diese Achtsamkeit gilt selbst gegenüber solchen, die den Christen feindlich gesinnt sind und sie verfolgen. Originalton Jesus: »Liebt eure Feinde; tut wohl denen, die euch hassen; segnet, die euch verfluchen; bittet für die, die euch beleidigen« (Lukas 6,27 f.). Jesus selber hat das in seinen letzten Augenblicken vorgelebt, als er am Kreuz für seine Feinde bat: »Vater, vergib ihnen, denn sie wissen nicht, was sie tun!« (Lukas 23,34).

Eindeutiges Fazit der biblischen Aussagen: Fremdenfeindlichkeit und Ausländerhass dürfen unter Christen keinerlei Raum haben. Wenn es auch zum Teil berechtigte Anfragen geben mag, so stellen diese nicht die grundlegende Wertschätzung der Fremden in Frage.

Bitte mehr Gelassenheit

Außerdem: Wer gegen die Anwesenheit von Muslimen kämpft, kämpft gegen Windmühlen. Das Aufbegehren bleibt vergeblich. Wir drehen das Rad nicht in eine mehr oder weniger christliche Monokultur zurück. Wir als Christen haben die Lufthoheit in Sachen Religion verloren. Wir müssen damit leben, dass wir religiöse Konkurrenz bekommen haben. Im Übrigen wird uns nirgendwo in der Bibel versprochen, dass in Deutschland allezeit der christliche Glaube tonangebend sein würde.

In den Anfangsjahren der Christenheit war das Evangelium sozusagen nur in Spurenelementen in der Welt vorhanden. Dass es in einer feindlichen Umgebung, dem riesigen

Römischen Reich mit seinen dominierenden heidnischen Religionen, eine Überlebenschance haben könnte, war menschlich gesehen nicht zu erwarten. Dennoch hat die christliche Botschaft nach und nach die Herzen vieler Menschen erobert. Das verdient auch deshalb besondere Aufmerksamkeit, weil christlicher Glaube damals eine »religio non licita« war, also eine verbotene Religion, deren Anhänger ständig mit Verfolgung zu rechnen hatten. Denn die Christen verweigerten das sogenannte Kaiseropfer als Ausdruck der Loyalität gegenüber dem Imperium und outeten sich damit als Staatsfeinde, ja als »Feinde des Menschengeschlechts«.

Es zeigt sich: Wenn schon in einer feindseligen Umgebung christliche Gemeinden entstehen und wachsen konnten, wie viel mehr dann in einer pluralistischen, freiheitlichen Demokratie, die alle Möglichkeiten eröffnet, den eigenen Glauben zu leben und öffentlich zu vertreten.

Ja, der Islam gehört zu Deutschland, und zwar in Gestalt der Personen, die sich zu ihm bekennen. Zugleich muss ein »Aber« hinzugefügt werden, wie im nächsten Kapitel erläutert werden wird.

3. ... aber Deutschland ist anders geprägt

Wenn auch der Islam quantitativ vorhanden ist: Unser Land ist qualitativ anders geprägt. Der Islam ist keineswegs ein Bestandteil der nationalen Identität Deutschlands. Die deutsche Kultur ist vielmehr eine Langzeitfolge jüdisch-christlicher und humanistischer Tradition. Aus ihr entwickelte sich die Demokratie, in der wir uns vorfinden.

Biblisch-christliche Wurzeln

Anfangsformen der Demokratie finden sich bereits im alten Griechenland. Dort war sie auf Männer und freie Bürger begrenzt. Anders die Demokratie, in der wir leben: Sie bezieht alle ein. Die Wurzel dafür ist in der Bibel gelegt. Schon der Beginn des Alten Testaments stellt klar: Jeder einzelne Mensch ist Gottes Ebenbild. Mit den Worten von Kardinal Joseph Ratzinger, dem späteren Papst Benedikt XVI.: »Alle Menschen sind Geschöpfe des einen Gottes und daher von gleichem Rang [...]. Von dem her leitet sich dann der Glaube an die Einheit des Menschseins in allen Menschen und an die Gleichheit der Menschenwürde ab.«[17]

Diese Linie setzt sich im Neuen Testament fort: Weil jeder Mensch von Gott in gleichem Maße geliebt ist, ist er auch gleich viel wert, ungeachtet seiner Rasse, seiner Hautfarbe, seines Geschlechts und seiner religiösen Zugehörigkeit. Diese Aussage war im römischen Weltreich eine

Revolution ohnegleichen, denn die damalige Gesellschaft basierte auf Apartheid: Es wurde unterschieden zwischen Sklaven und freien Bürgern, Männern und Frauen usw. Dagegen steht die neutestamentliche Botschaft auf: »Hier ist nicht Jude noch Grieche, hier ist nicht Sklave noch Freier, hier ist nicht Mann noch Frau; denn ihr seid allesamt einer in Christus Jesus« (Galater 3,28). Jeder Mensch ist zu achten, denn jeder Einzelne ist wertvoll. Deshalb kann und soll jeder etwas zum Gemeinwohl beitragen.

Diese Dimension des christlichen Glaubens trug wesentlich dazu bei, dass die Gemeinden in den ersten Jahrhunderten unaufhaltsam wuchsen. Nicht nur ihre Botschaft faszinierte im Römischen Reich viele Zeitgenossen, sondern auch die Art, wie Christen miteinander umgingen. Das weckte Neugier und machte den christlichen Glauben zu einer anziehenden Angelegenheit. »Es war ein entscheidender Attraktivitätsfaktor der frühchristlichen Gemeinden, dass grundsätzlich jede und jeder eingeladen war, unabhängig von seinem/ihrem sozialen Status, von seiner ethnischen Herkunft und Abstammung.«[18] Hier begegnete man sich auf Augenhöhe.

Wenn es auch im Laufe der folgenden Jahrhunderte zahlreiche hemmende Elemente gab, war doch die Grundlinie klar gezogen: Jeder einzelne Mensch ist willkommen, ist kostbar und wichtig. Jeder Mensch ist auf eigene Weise begabt und kann sich in die Gemeinschaft einbringen. Daraus ergab sich langfristig die politische Folge: Jeder mündige Bürger hat eine Wählerstimme. Und er hat das Recht, seine Meinung frei und öffentlich zu äußern. Die christliche Botschaft steht gegen alle Formen von Diktatur und Unterdrückung. Sie prägt das Klima in Richtung Gleichberechtigung, soziale Gerechtigkeit, Solidarität und Achtung Andersdenkender.

Politische Folgen

Diese Linie hat sich im Laufe der Jahrhunderte durchgesetzt, obgleich immer wieder aufgehalten durch Machtstreben, Raffgier und Dünkel. Auch die Institutionen der Kirchen waren leider keineswegs immer die großen Vorreiter. »Viele Grundüberzeugungen unseres Gemeinwesens wurden aus christlicher Überzeugung entwickelt und erstritten – aber manche mussten auch gegen Widerspruch und Zögerlichkeit der Kirchen durchgesetzt werden.«[19] Christliche Schubkräfte waren vor allem die Reformation und der Humanismus, der Pietismus und die Aufklärung.

Politischen Niederschlag fand es erstmals in der Unabhängigkeitserklärung der Vereinigten Staaten von Amerika aus dem Jahr 1776, deren Präambel feststellt, »dass alle Menschen gleich erschaffen worden, dass sie von ihrem Schöpfer mit gewissen unveräußerlichen Rechten begabt worden, worunter sind Leben, Freiheit und das Bestreben nach Glückseligkeit«.[20] Das wird im Artikel 1 der UN-Menschenrechtserklärung von 1948 unterstrichen: »Alle Menschen sind frei und gleich an Würde und Rechten geboren. Sie sind mit Vernunft und Gewissen begabt und sollen einander im Geiste der Brüderlichkeit begegnen.«[21]

Entsprechend urteilt der renommierte Historiker Heinrich August Winkler: »Die Idee des Individuums, die im Zentrum unserer Rechtskultur steht, hat eindeutig christliche Wurzeln. […] Die Vorstellung, dass alle Menschen vor dem Gesetz gleich sind, lässt sich zurückführen auf die revolutionäre Maxime der Gleichheit aller Menschen vor Gott.«[22]

Ferdinand von Schirach, Jurist und Schriftsteller, erklärt: »Denn ob wir es wollen oder nicht: Unser gesamtes Denken ist tief und in jedem Bereich vom Christentum beeinflusst. Dabei ist es ganz gleichgültig, ob wir an einen Gott glauben oder nicht. Das Neue dieser Religion war ja nicht die Erschaffung eines neuen Gottes. Das Neue war die kompromisslose Achtung des Mitmenschen. Unsere Philosophie, unsere Kunst, unsere Kultur sind ohne diese Achtung nicht vorstellbar. Die Achtung vor dem anderen Menschen bedeutet nichts anders, als ihn zum Subjekt zu machen. [...] Der Verfassung reicht es [...], wenn der Mensch ein Mensch ist.«[23]

Das heißt: Über keinen Menschen kann über dessen Kopf hinweg entschieden werden. Es gibt auch kein »lebensunwertes Leben«. Menschen sind keine Gegenstände, sondern Gottes unverwechselbare Geschöpfe von gleichem Rang und gleicher Würde.

Grundgesetz

Auf dieser Basis wurde das Grundgesetz, die Verfassung der Bundesrepublik Deutschland, geschaffen. Nach dem unseligen Dritten Reich hat man bewusst auf die christlichen Wurzeln geachtet, die den neuen Staat tragen sollen. Folgerichtig sind entsprechende Werte festgeschrieben:[24]

· Artikel 1 Absatz 1: »Die Würde des Menschen ist unantastbar. Sie zu achten und zu schützen ist Verpflichtung aller staatlichen Gewalt.«

- Artikel 3 Absatz 1–2: »Alle Menschen sind vor dem Gesetz gleich. Männer und Frauen sind gleichberechtigt.«
- Artikel 4 Absatz 1–2: »Die Freiheit des Glaubens, des Gewissens und die Freiheit des religiösen und weltanschaulichen Bekenntnisses sind unverletzlich. Die ungestörte Religionsausübung wird gewährleistet.«
- Artikel 5 Absatz 1: »Jeder hat das Recht, seine Meinung in Wort, Schrift und Bild frei zu äußern und zu verbreiten […].«

Diese und die übrigen Grundrechte »binden Gesetzgebung, vollziehende Gewalt und Rechtsprechung« (Artikel 1 Absatz 3). Sie sind nicht verhandelbar. Ihr hohes Gut macht Deutschland – neben seiner wirtschaftlichen Kompetenz und seiner sozialen Ausrichtung – zu einem attraktiven Land. Viele Flüchtende, die dem Terror und dem Krieg in ihrer Heimat entgehen wollen, zieht es deshalb nicht nach Saudi-Arabien oder andere islamische Staaten, die räumlich und kulturell meist näher liegen, sondern nach Mitteleuropa, bevorzugt nach Deutschland.

Die Werte unserer Verfassung kommen allen zugute, die in unserem Land wohnen, auch denen, die sich nicht als Christen verstehen. Wenn nun Ausländer unser Land betreten und sich im Rahmen der rechtlichen Möglichkeiten niederlassen, dann haben sie sich in diese Werteordnung einzufügen. Denn jede Gesellschaft braucht ein gewisses Maß an gemeinsamen Werten und Regeln, damit man friedlich und gedeihlich zusammenleben kann. »Es bedarf tendenziell gemeinsamer Vorstellungen von der Freiheit und ihrer Kostbarkeit, vom Inhalt und Umfang von Gerechtigkeit, vom Wert und der Notwendigkeit von Solidarität, gemeinsamer oder wenigstens verwandter Vorstellungen von sinnvollem und gutem Leben, von der Würde jedes Menschen, von der Integrität der Person, von Respekt und Toleranz.«[25] Nur auf diesem Fundament kann eine Demokratie gelingen. Keiner kann erwarten, dass die Grundlagen unserer Werte zugunsten anderer Prägungen aufgeweicht werden.

Indessen haben in den vergangenen Jahren mehr als einmal deutsche Gerichte verfügt, Kruzifixe abzuhängen: in Gerichts- und Schulräumen und öffentlichen Gebäuden aller Art. Offensichtlich schämt man sich der christlich geprägten Vergangenheit und der Wurzeln, die unsere Demokratie tragen und deren Werte im Grundgesetz ihren Niederschlag finden. Wann werden wohl Gipfelkreuze und Wegkreuze demontiert werden müssen, weil sie religiösen Anstoß erregen?!

Parallelen gefällig? Ich zitiere: »Sämtliche öffentlichen Gebäude des Staates, der Gemeinden und Gemeindeverbände gehören dem ganzen Volke ohne Rücksicht auf das religiöse Glaubensbekenntnis der einzelnen Volksgenossen. [...] Demgemäß ordnen wir an, dass künftig in Gebäuden des Staates, der Gemeinden und Gemeindeverbände kirchliche oder andere religiöse Zeichen oben erwähnten und ähnlichen Charakters nicht mehr angebracht werden dürfen. Die bereits vorhandenen sind zu entfernen.«[26]

Diese auch als »Kreuzerlass« bekannte ministerielle Anordnung stammt von 1936, also aus den unseligen Jahren der NS-Herrschaft. Sicherlich sind die Zeiten nicht eins zu eins vergleichbar. Wir leben – dem Herrn sei Dank – in einer relativ stabilen Demokratie. Aber die Parallelen geben dennoch zu denken. Beide Male ist christlicher Geist unerwünscht. Das Kreuz von Jesus wird als störend und entbehrlich betrachtet.

Doch hier steht viel auf dem Spiel, denn es verhält sich mit der Demokratie wie mit einer Pflanze. Ihre Wurzeln müssen genährt werden, sonst vertrocknen sie. Unser Staat muss deshalb darauf achten, dass er die Wurzeln stärkt, denen er sich verdankt, indem er die Pflege christlichen Gedankenguts ermöglicht. In Politik, Erziehung, Rechtsprechung usw. muss er für ein Klima sorgen, in dem christlicher Geist atmen und blühen kann. Denn aus ihm erwachsen die Werte der Demokratie, die im Grundgesetz festgeschrieben sind. Diese kann der Staat nicht selbst schaffen. Vielmehr ist er von Werten abhängig, die ihm vorgegeben sind.

Sollen diese Werte als hohes Gut erhalten werden, müssen die Institutionen gefördert werden, die sie vermitteln: Familien, konfessioneller Religionsunterricht, kirchliche Kindergärten usw. Es geht in diesen Fragen nicht zuerst um die Kirchen und ihre scheinbaren Privilegien, sondern um den Fortbestand einer gesunden Demokratie. Die schleichende Inflation christlicher Substanz in unserem Land ist schlimm für die beiden Volkskirchen und die etablierten Freikirchen, aber noch schlimmer ist sie für die Gesellschaft, denn damit werden die Triebkräfte des Christlichen kaum noch in Köpfen und Herzen verankert: Rücksicht auf Schwächere, Ehrfurcht vor dem Leben, Gleichberechtigung, Barmherzigkeit, Ehrlichkeit.

Festzuhalten bleibt, »dass Erkennungszeichen der jüdisch-christlichen Tradition keine Auffassungen repräsentieren, die in einem Spannungsverhältnis zu den der deutschen Verfassungsordnung zugrunde liegenden Wertentscheidungen stehen. Vielmehr hat die jüdisch-christliche Tradition maßgeblich zu den kulturellen und geistigen Grundlagen der freiheitlichen Demokratie beigetragen.«[27] Auch wenn sich das leider noch nicht bis zur europäischen Verfassung herumgesprochen hat, möchte man hinzufügen.

Die für unseren Staat grundlegenden Werte, die dem Christlichen entstammen, lassen sich ohne dieses Fundament nicht dauerhaft halten. Sie überleben langfristig nicht ohne den Glauben, aus dem sie erwachsen sind. Werte sind keine Abstimmungsangelegenheit, sondern brauchen religiöse Fundierung. Wird diese Grundlage geschmälert oder ist sie nicht vorhanden, hat es die Demokratie schwer, wie weltweit zu beobachten ist.

Indem wir uns in diesem Sinne engagieren, erweisen wir unserer Demokratie einen guten Dienst. Schließlich hat die christliche Kirche neben dem Missionsauftrag auch einen Gestaltungsauftrag, der sie über die Mauern der eigenen Gemeinde hinausweist.

Freiheit als Gestaltungsauftrag

Die Werte der Demokratie sind jedoch nicht nur der Boden, auf dem sich Religionen frei entfalten können, sondern sie schließen auch die Forderung mit ein, das demokratische Leben, von dem sie profitieren, aktiv mitzugestalten. Gemäß dem deutschen Subsidiaritätsprinzip sind die unterschiedlichen Religionsgemeinschaften ebenso wie säkulare Verbände aufgefordert, sich nach dem Maß ihrer Möglichkeiten in das Gesamtgefüge der Gesellschaft einzubringen. Die demokratische Freiheit soll von ihnen nicht nur für die eigenen Belange genutzt werden, sondern auch im Sinne des Allgemeinwohls ausgestaltet werden. Die Freiheit wird dabei nicht nur als eine Gabe verstanden, die man zum eigenen Vorteil nutzt – und sich dann selbstbezogen abkapselt –, sondern sie ist zugleich Aufgabe, die diejenigen verpflichtet, die von ihr profitieren. Sie schließt in Deutschland einen Gestaltungsauftrag ein, der sich auf die gesamte Gesellschaft richtet und allen zugutekommen soll.

Der deutsche Staat ist nicht – wie etwa in Frankreich – laizistisch angelegt, sodass Staat und Religionsgemeinschaften strikt voneinander geschieden wären, sondern er rechnet mit den Gestaltungskräften der Kirchen und anderer Religionen. Unser Staat verhält sich zwar religionsneutral, aber nicht werteneutral. Er erwartet von den religiösen Gemeinschaften, dass sie sich die staatlichen Grundwerte zu eigen machen, sie ihrerseits positiv vertreten und dadurch das demokratische Gemeinwesen stärken.

Welchen Beitrag bringen die verschiedenen Religionsgemeinschaften ein, um dem Allgemeinwohl zu dienen? Seitens der Kirchen sind das u. a. Kindergärten, Schulen, Krankenhäuser, Seniorenheime und andere – vor allem soziale – Einrichtungen, die zwar größtenteils vom Staat finanziert, aber inhaltlich von den Kirchen ausgestaltet werden. Deren Angebote kommen nicht nur der eigenen Klientel zugute, den Mitgliedern der Kirchen, sondern stehen der gesamten Gesellschaft offen. Diese Handlungsfelder können im Sinne des Subsidiaritätsprinzips selbstverständlich auch von Muslimen belegt werden.

Die religiöse Freiheit verpflichtet jedenfalls alle, die von ihr profitieren, zur Mitarbeit in der demokratischen Gesellschaft. Diese soll gestärkt und innerlich ausgestaltet sein. Ein ständiger Prozess!

Demokratieförderliche Mentalitäten

Unser Staat muss in Politik, Erziehung und Rechtsprechung für ein Klima sorgen, in dem diese Werte gepflegt werden. Aus ihnen erwachsen die Tugenden, die für eine gelingende Demokratie vonnöten sind: Respekt vor Andersdenkenden, Ehrlichkeit, Rücksichtnahme, Kompromissfähigkeit. Diese Tugenden fördern die Neigung, Gesetze zu befolgen. Sie sichern damit den inneren Zusammenhalt der Gesellschaft. Der ehemalige Richter am Bundesverfassungsgericht, Ernst-Wolfgang Böckenförde, hat diesen Sachverhalt in seinem berühmten Diktum auf den Punkt gebracht: »Der freiheitliche, säkularisierte Staat lebt von Voraussetzungen, die er selbst nicht garantieren kann.«[28] Das wird von Jürgen Habermas unterstrichen: »Der liberale Staat ist langfristig auf Mentalitäten angewiesen, die er nicht aus eigenen Ressourcen erzeugen kann.«[29] Diese »Mentalitäten« müssen von klein auf vermittelt, eingeübt und gepflegt werden: vor allem in den Familien, in Kindergärten und Schulen, im kirchlichen Unterricht usw. Sie müssen verinnerlicht, also in Köpfen und Herzen verankert werden und in Fleisch und Blut übergehen, wenn sie gesellschaftlich wirksam werden sollen. Aus Mentalitäten sollen Tugenden werden, die wie selbstverständlich das praktische Verhalten prägen.

Hier kommt den Kirchen und ihren einzelnen Gemeinden eine wichtige Aufgabe zu. Indem sie die christlichen Inhalte lebendig erhalten und vermitteln, machen sie Menschen – gleichsam nebenbei – demokratiefähig und -willig. Sie prägen damit unsere Kultur. Barmherziges Verhalten wächst nicht auf den Bäumen, sondern wird gespeist durch die biblische Erzählung vom barmherzigen Samariter und dem Bericht vom Verhalten Jesu gegenüber einer Ehebrecherin.

Hier hat sich in den vergangen Jahrzehnten viel verändert. »Christliche Moralvorstellungen erscheinen zunehmend als letzte Zuckung einer in die Defensive geratenen Minderheit. [...] Jetzt schlägt die Stunde einer moralfreien Modernität.«[30] Doch je mehr der christliche Einfluss schwindet, desto mehr greift die Gleichgültigkeit im Miteinanderleben um sich. Das Interesse am Gemeinwohl geht zurück. »Und weil die Ungerechtigkeit überhandnehmen wird, wird die Liebe in vielen erkalten«, hat Jesus einmal prognostisch festgestellt (Matthäus 24,12). Woher sollen Werte und Verhaltensweisen wie Güte, Solidarität, Menschenwürde kommen, wenn sie nicht von Kindesbeinen an vorgelebt, gelehrt und in den Köpfen und Herzen verankert werden? Die ethischen Werte, die aus dem christlichen Glaubensgut erwachsen, lassen sich ohne diesen Glauben nicht lange halten. Sie kühlen gleichsam ab. Sie versickern.

Über die Folgen müssen wir uns nicht wundern. Sie sind vor allem in den neuen Bundesländern wahrzunehmen, wo – zuerst im Dritten Reich, dann in der SBZ und schließlich jahrzehntelang in der DDR – alles Christliche diskreditiert und als unwissenschaftlich verunglimpft wurde. Mehrere Generationen sind ohne die christliche Botschaft und eine entsprechende Erziehung aufgewachsen. Die verordnete Gottlosigkeit zeigt nun ihre Wirkungen: Infolge dieses religiösen Kahlschlags sind die neuen Bundesländer heute hochgradig säkularisiert. Christlicher Glaube ist fremd geworden. Das war übrigens das Einzige, worin der SED-Staat erfolgreich war. Heute erleben wir, dass es dort häufiger als in der alten Bundesrepublik zu Angriffen auf Flüchtlinge und Flüchtlingsheime kommt. Der Zorn richtet sich nicht nur gegen sie, sondern auch gegen engagierte Mitbürger, die den

Migranten helfen und sie unterstützen wollen, erst recht aber gegen Politiker, die um Verständnis für die aktuelle Flüchtlingspolitik bitten. Das Einfühlungsvermögen gegenüber denen, die vor Terror und Krieg geflohen sind, ist wenig ausgeprägt. Ohne ein Pauschalurteil fällen zu wollen, ist doch festzustellen, dass wir einen Geist der Barmherzigkeit vielerorts vergeblich suchen.

Leider wird dieser geistig-religiöse Hintergrund weder in der Politik noch in den Medien berücksichtigt. Da wird von Unwissenheit, Vorurteilen und Angstmacherei geredet. Das Problem sitzt indessen tiefer.

Dass auch in anderen Gegenden Deutschlands die Kirchlichkeit zurückgeht, ist schlimm für die Kirchen, aber noch schlimmer ist es für unsere Gesellschaft. Woher sollen die Triebkräfte der Liebe und des Erbarmens kommen, wenn sie nicht aus den Quellen christlicher Verkündigung gespeist werden?

Der Journalist Peter Seewald beschreibt diesen inneren Zusammenhang: »Christlicher Glaube hat mit Gott zu tun, was sonst. Mit der Beziehung des Menschen zu etwas, das größer ist als er selbst. Aber auch mit Kultur, mit Recht, mit sozialer Balance. Mit Demokratie und Freiheit. Und wenn es Kirche und Glauben schlechtgeht, das wissen wir aus der Geschichte, ist das kein Grund zur Freude, sondern eine nationale Katastrophe, die auch jene angeht, die denken, damit nichts zu tun zu haben.«[31]

Außerhalb Deutschlands und Europas konnte sich in vielen Kulturkreisen keine eigenständige Demokratie entwickeln. Das hat vor allem religiöse Hintergründe. Hier liegt ein anderes Bild von Gott und dem Menschen zugrunde, was sich kulturell auswirkt. Die Demokratie lebt von der christlichen Basis. Wo die nicht vorhanden ist, fehlt die entscheidende geistige Grundlage: die Wertschätzung des Individuums.

Deshalb hat es sich als kompletter Fehlschlag der USA und Großbritanniens erwiesen, im Jahr 2003 im Irak militärisch zu intervenieren, um dort nicht nur den Diktator Saddam Hussein zu stürzen, sondern auch ein demokratisches Staatswesen aufzubauen. Doch dafür fehlten in der Bevölkerung die inneren Voraussetzungen. Eine Demokratie lässt sich nicht ohne Rücksicht auf die Rahmenbedingungen exportieren bzw. vor Ort einfach aus dem Boden stampfen. An dieser Fehleinschätzung leidet die Region bis zum heutigen Tag; sie ist von politischer und militärischer Instabilität geprägt. Aus dem angerichteten Chaos wurde schließlich der IS geboren, der den Irak und Syrien und inzwischen auch Europa mit Terror überzieht.

Anders, aber ähnlich problematisch sind die Verhältnisse dort, wo die christliche Botschaft über Jahrzehnte unterdrückt wurde – siehe Russland und die meisten übrigen Nachfolgestaaten der ehemaligen Sowjetunion. Wer in diesen Ländern umfassende demokratische Verhaltensweisen erwartet, wird enttäuscht. Die dortige politische Kultur darf nicht mit unserer westlichen Elle gemessen werden.

Test für demokratisches Verhalten
In unserem Land verstärkt sich die Präsenz des Islam. Damit stellt sich die Gretchenfrage: Wie hält es der Islam mit der Demokratie und den damit verbundenen Werten? Eine Antwort erhalten wir nicht dort, wo sich der Islam in der Minderheit befindet und um Anerkennung ringt, sondern da,

wo er in der Mehrheit ist und den Alltag und das Verhalten der Menschen prägt: Wie werden in diesen Ländern religiöse Minderheiten und überhaupt Andersdenkende behandelt?

Ob eine Religion in der Demokratie wirklich angekommen ist und sich positiv zu ihr verhält, zeigt sich nicht dort, wo sie die entsprechenden Freiheiten für ihre eigenen Belange nutzt, sondern daran, ob sie dieselben auch anderen gewährt. Davon sind islamisch dominierte Länder weit entfernt. Muslime nehmen bei uns Rechte für sich in Anspruch, die sie, sofern sie das Sagen haben, den Christen nicht zugestehen. Sie fordern Religionsfreiheit für sich und damit für ein System, das selber kaum bis keine Religionsfreiheit kennt. »Wir erleben den Islam weltweit als eine christenfeindliche Religion«, bezeugen mir einhellig die Leiter der Missionsgesellschaften, die zur evangelischen Gemeinschaftsbewegung in Deutschland gehören.

Wer jedoch Toleranz und Freiheit für sich und seine Anliegen erwartet, wie das in Deutschland der Fall ist, muss sie zunächst einmal selbst praktizieren und anderen gewähren. Insofern gehört der Islam nicht zu Deutschland. Er bringt einen eigenen Wertekanon mit. Ein Gymnasiallehrer aus Hamburg spricht die Skepsis aus, die viele teilen: »Ich jedenfalls vermag nicht zu sehen, wo der Islam einen wünschbaren Beitrag zur Diskussion unserer Gegenwarts- und Zukunftsprobleme zu bieten hat.«[32]

4. Die kulturelle Differenz

Wenn darüber geredet wird, geht es nicht um die Kategorien richtig oder falsch. Hier steht nicht die religiöse Wahrheitsfrage auf dem Prüfstand, sondern es geht um schlichte Wahrnehmungen. Jede Kultur ist anders gestrickt. Jede verdankt sich anderen Hintergründen. Das hat der frühere Berliner Landesbischof und EKD-Ratsvorsitzende Wolfgang Huber zutreffend zur Sprache gebracht: »Mit jeder Religion verbindet sich ein umfassender Anspruch. Es gibt keine Religion, die ohne Konsequenzen für die Lebensführung bleibt. Insofern hat jede Religion auch eine politische Dimension. Sie betrifft nicht nur das private, sondern auch das öffentliche Leben.«[33] Jede Art von Glauben, aber auch jede Spielart von religiösem Desinteresse und bewusstem Unglauben hat gesellschaftliche Folgen. Jedes Mal wird die Kultur des Umgangs miteinander auf eigene Weise geprägt.

Zwar ist Religion nach christlichem Verständnis eine zunächst private Angelegenheit, die auf einer persönlichen Entscheidung beruht und das individuelle Verhältnis zu Gott betrifft, aber sie hat öffentliche Auswirkungen. Jede Religion hinterlässt kulturelle Fußspuren und setzt entsprechende kulturprägende Kräfte frei. So auch der Islam. Mit ihm dringt nicht nur eine Glaubensweise, sondern auch eine andere Kultur nach Deutschland ein. Der syrisch-libanesische Lyriker Adonis[34], der 2015 den Erich-Maria-Remarque-Friedenspreis der Stadt Osnabrück erhalten hat, legt in einem Interview seine Sichtweise zu dieser Frage dar: »Der Islam beherrscht die arabische Sicht auf die Welt. Der Islam begreift sich selbst als die absolute Kultur [...].«[35] Er trage nicht zum intellektuellen Leben bei, rege keine Diskussionen an, gebe keine Anstöße mehr, bringe kein Denken, keine Kunst, keine Wissenschaft, keine Vision hervor, die die Welt verändern könnten. Adonis spricht sich deshalb für eine radikale Trennung des Islam von der Politik aus. Sonst könne es weder eine Demokratie noch die Gleichstellung der Frau geben.

Noch ernüchternder formuliert es der Journalist Henryk M. Broder: »Der Islam ist ein autoritäres, archaisches System, das sich der Mittel der Moderne bedient, ohne deren Geist zu übernehmen. Er ist mit demokratischen Werten und Strukturen nicht kompatibel: Gewaltenteilung, Trennung von Staat und Kirche, Selbstbestimmung des Individuums, Glaubens- und Meinungsfreiheit, Gleichberechtigung und freie Partnerwahl. Viele Muslime haben den Sprung in die Moderne geschafft, einige mit dem Leben dafür bezahlt, der Islam als Ganzes hat es nicht.«[36]

Der bereits zitierte Ahmad Mansour gibt zu bedenken: »Wir hören, wie Imame und Vorstände von muslimischen Verbänden hier in Deutschland und in Europa die Taten von Paris verabscheuen. Dieselben Prediger verlieren jedoch kein Wort darüber, das in fast der gesamten islamischen Welt [...] Tausende Karikaturisten, Regisseure, Dichter, Journalisten, Schriftsteller bedroht werden, verhaftet, misshandelt, mundtot gemacht.«[37]

Darüber hinaus haben auch Juden, Homosexuelle und Frauen, die sich nicht dem Diktat ihrer Männer beugen, genügend Gründe, den Islam zu fürchten. Außerdem sorgen Zwangsverheiratungen und Kinderehen (Mädchen mit erwachsenen Männern) für sozialen Brennstoff. Unsere Behörden und Gerichte sehen sich hier offensichtlich außerstande, die bei uns geltenden Regelungen durchzusetzen. So berichtete eine Mitarbeiterin der Caritas von einer dreizehnjährigen Syrerin, im achten Monat schwanger, »verheiratet« mit einem zwanzigjährigen Syrer. Das Mädchen sollte von Seiten der Caritas einen Vormund bekommen. Das Jugendamt in Berlin-Neukölln lehnte den Antrag ab, ebenso der zuständige Richter. Begründung: Das sei im Herkunftsland so üblich. Die deutschen Organe knicken ratlos-ängstlich ein, zum einen deshalb, weil sie auf dergleichen Fälle nicht vorbereitet sind, zum andern aber wohl auch deshalb, weil sie sonst massive Angriffe von den betreffenden Familien zu befürchten haben.

Auch ist das deutsche Regelwerk nicht auf die muslimische Vielehe eingestellt. Dem muslimischen Mann sind vier Ehefrauen erlaubt (Mohammed hatte sogar weit mehr). Dass im islamischen Denken der Begriff der familiären »Ehre« einen dominierenden Stellenwert einnimmt und sich vor allem an der Jungfräulichkeit der Töchter festmacht, irritiert deutsche Denkweise, schafft Probleme aller Art und beschäftigt zunehmend Ämter und Gerichte – es sei hier nur an den Extremfall des sogenannten »Ehrenmordes« erinnert, mit dem die »Ehre« der Familie wiederhergestellt werden soll.

Fazit: Die muslimische Kultur ist eine andere als die christliche. Deshalb ist es ein Irrtum zu meinen, dass der Zuzug von mehr als einer Million muslimischer Migranten spurlos an unserer Gesellschaft vorübergehen würde. Sie bringen ihre Kultur mit, die sie hier ganz selbstverständlich zu leben gedenken. Das hat nachhaltige Folgen für unser Land. Dies zu verschweigen, zu leugnen oder schönzureden zeugt von Ignoranz. Über entsprechende Konsequenzen muss man sich dann nicht wundern. »Das ist nicht mehr unser Land«, lautet die lapidare Reaktion vieler Einheimischer. Sie schlägt sich in den entsprechenden Wahlergebnissen nieder. Der Staat und seine Bürger werden einander fremd.

Doch – auch das sei gesagt – in unserem freiheitlichen Land ist jeder Muslim willkommen, der sich in unsere kulturelle Werteordnung einfügt, sie positiv ausfüllt und aktiv mitgestaltet. Das kommt letztlich auch ihm zugute. Aber nicht jede Art von Kultur ist eben mit der hiesigen kompatibel.

5. Reibungsflächen

Den *einen* Islam gibt es nicht. Vielmehr präsentiert er sich als eine vielgestaltige Größe, die nicht über einen Kamm geschoren werden darf. Die Palette reicht in Deutschland von liberalen Aleviten, die die Scharia ablehnen, über moderate Muslime bis hin zu fundamentalistisch Orientierten, die ihre religiösen Gebote strikt befolgen. Dazu kommen verschiedene islamische Gruppierungen wie etwa die Ahmadiyya-Bewegung.

Diese Vielfalt erweist sich als ein großes Konfliktfeld innerhalb des Islam. Außerhalb Deutschlands sorgen die Auseinandersetzungen zwischen Schiiten und Sunniten, vor allem im Irak, immer wieder für Schlagzeilen. Der Islam kennt keine übergeordnete Instanz – vergleichbar etwa dem Papst, einem Konzil oder einer Synode –, die verbindlich vorgäbe, was zu glauben sei. Daraus ergeben sich zahlreiche Streitfragen und Konflikte innerhalb der muslimischen Welt: Was ist islamisch? Was entspricht dem Koran? Hier gehen die Meinungen weit auseinander.

Die Mehrzahl der Muslime in Deutschland misst ihrer Religion hohe Bedeutung bei. Über 86 Prozent bezeichnen sich als eher gläubig oder sehr gläubig; 35 Prozent besuchen häufig die Moschee bzw. religiöse Veranstaltungen.[38] Zum Vergleich: 11 Prozent der Katholiken besuchen ihren Gottesdienst, dagegen nur 4 Prozent der Protestanten.

Der Rückgriff auf die Religion hat gerade für junge Menschen auch soziale Ursachen. Viele sind innerlich hin- und hergerissen zwischen der patriarchalischen Lebensordnung ihrer Elternhäuser und der Liberalität westlicher Lebensart. Wo finden sie Halt? Wer gibt gültige Orientierung? Was ist richtig? Welche Lebensperspektive haben sie? Hier bietet ihnen der Islam kulturelle Orientierung in einer Gesellschaft, in der sie sich nicht selten ausgegrenzt fühlen. In einer komplizierten, unübersichtlichen Welt finden sie im Islam klare Antworten und verbindliche Ordnungen, Halt und Stärke. Der Islam setzt Ziele und steckt Aufgaben ab, für die es sich zu leben und zu sterben lohne.

Eine Studie des Bundesministeriums des Innern stellt fest: »Je umfänglicher der Konsum nichtdeutscher Medien, desto höher ist auch die Rate demokratiedistanter Muslime. [...] Ein Engagement ausschließlich in islamisch geprägten Vereinen und Organisationen geht mit einem erhöhten Anteil demokratiedistanter Personen einher.«[39] Und weiter: »Personen, die eine Koranschule besucht haben, sind in erhöhtem Maße demokratiedistant [...].«[40]

Muslime – Islamisten

Nicht jeder Muslim ist ein Islamist. Das muss festgehalten werden. Aber es gibt keinen Islamismus ohne den Nährboden des Islam. Islamismus kommt nicht nur sprachlich vom Islam. Jede Bemühung, beides voneinander abzukoppeln und zu behaupten, das eine hätte mit dem anderen nichts zu tun, ist abwegig und scheitert an schlichten Tatsachen. Der Islamismus, der Tag für Tag weltweit seine hässliche und menschenverachtende Fratze zeigt, ist der böse Ableger des Islam. Der Übergang zwischen islamischer und islamistischer Theologie verläuft fließend. Wenn Heinz Buschkowsky behautet, der »Islamismus ist nun mal keine Religion, sondern eine politische Machtideologie«,[41] dann erliegt er einem Irrtum. Politik und Macht gehören im Islam dazu und werden religiös aufgeladen. Deshalb stimmt auch seine Folgerung nicht: »Dort, wo die Salafisten zuhause sind, dort wird nicht der Islam gepflegt, sondern da geht es um politische Einflussnahme«.[42] Aber gerade die wird von der Religion gefordert und von vielen, wenn auch nicht von allen Muslimen bejaht. Buschkowsky versteht – im Einklang mit unserer westlich-aufgeklärten Sichtweise – Religion als eine private, persönliche Angelegenheit. Das ist sie jedoch im Islam nicht.

Daniel Steinvorth hat den Unterschied zwischen einem gläubigen Muslim und einem Islamisten auf den Punkt gebracht: »Ein Muslim hält sich an die Gebote des Koran, verzichtet auf Schweinefleisch und Alkohol; ein Islamist zwingt anderen die Regeln auf. Ein Muslim fastet im Ramadan; ein Islamist hält Ausschau nach Fastenbrechern.«[43] Islamisten wollen den Islam politisch verwirklichen. Ihr Ziel ist ein islamischer Gottesstaat. In ihm herrscht nicht das Volk, sondern der Koran und seine Auslegungstraditionen.

Derzeit gibt es in Deutschland ca. 40.000 Islamisten.[44] Die größte Gruppe in ihren Reihen bilden die Salafisten. Maren Brandenburger, die Präsidentin des Verfassungsschutzes Niedersachsen, stellt fest: »Nach wie vor ist der Salafismus die derzeit dynamischste islamistische Bewegung weltweit [...].«[45] Eine ernste Gefahr, denn: »In Deutschland leben derzeit nach Einschätzung des Verfassungsschutzes 1100 gewaltbereite Islamisten. 430 Personen würden als so gefährlich angesehen, dass ihnen jederzeit eine schwere Straftat zuzutrauen sei, so der Präsident des Bundesamtes für Verfassungsschutz, Maaßen.«[46] Eine ganze Reihe konservativer

Moscheen stehen aktuell unter Beobachtung, weil in ihnen arabisch sprechende Prediger auftreten, die die Radikalisierung fördern und offen zur Gewalt aufrufen. Problematisch ist, dass man in Deutschland zurzeit ohne gültigen Pass einreisen kann und die Behörden die Identität der Migranten vielfach nicht prüfen können. Selbst die Geheimdienste wissen oft nicht Bescheid, wer unser Land betritt.

Islamisten verstehen sich nicht nur als rechtgläubiger Gegenpart zur westlichen Welt, sondern auch zu solchen Muslimen, die sich unserer Kultur angepasst haben und nicht streng nach dem Koran leben. Immerhin werden durch Islamisten mehr Muslime getötet als Angehörige anderer Religionen!

Islamisten werden permanent aufgewiegelt durch arabische und türkische Medien: Zeitungen, Fernsehsender, Filme, Internet. Dort wird häufig gegen den Westen, gegen Israel und gegen die Christen gehetzt. Islamistischer Judenhass verbindet sie mit der rechtsextremen Szene in Deutschland.

Bassam Tibi unterscheidet zwei Arten des Islamismus:[47] Da ist zunächst der dschihadistisch-gewalttätige Islamismus, der durch seine Terrorattacken Macht erringen und Ängste schüren will. Daneben gibt es auch noch eine »softige« Variante, beispielsweise bei den Muslimbrüdern in Ägypten oder bei der regierenden AKP in der Türkei. Diese haben sich auf einen Marsch durch die Institutionen begeben. Beide Gruppierungen, so unterschiedlich sie sonst sein mögen, verfolgen ein gemeinsames Ziel: die Errichtung eines muslimischen Staates, dessen Verfassung auf der Scharia gründet, dem islamischen Recht.

Unsere politisch Verantwortlichen müssen auf der Hut

sein, wenn von diesen Kräften die Freiheiten der Demokratie instrumentalisiert werden, um an ihrer Stelle Systeme zu installieren, die sich zur Demokratie wie Feuer zu Wasser verhalten.

Wer repräsentiert den Islam bei uns?

Der Islam ist nur begrenzt organisatorisch greifbar, anders als beispielsweise unsere Kirchen, in denen eine geordnete Mitgliedschaft selbstverständlich ist. Verlässliche Zahlen gibt es nicht, weil muslimische Verbände – von Ausnahmen abgesehen – nicht als Körperschaften des öffentlichen Rechts organisiert sind.

Der Islam versteht sich vielmehr als eine religiös begründete Gesellschaftsordnung, als eine Lebensart und als ein Gemeinwesen. Er bildet keine »Kirche« mit formellem Aufnahmeakt. In Deutschland gibt es mehrere unterschiedlich große Verbände, die heterogen zusammengesetzt sind und untereinander konkurrieren. Ca. 15 bis 25 Prozent der Muslime sind in ihnen organisiert. Deshalb kann der Islam weder geschlossen auftreten noch mit einer Stimme sprechen. Seine Verbände vertreten insgesamt nur eine Minderheit. Es ist deshalb umstritten, wer ermächtigt ist, für die Muslime zu reden.

Hier die wichtigsten Dachverbände in alphabetischer Reihenfolge:[48]

- Ahmadiyya Muslim Jamaat Deutschland KdöR (AMJ) mit ca. 250 Ortsgemeinden und ca. 35.000 Mitgliedern
- Alevitische Gemeinde Deutschland e. V. (AABF), grob geschätzt ca. 10 Prozent der Aleviten sind darin in 150 Orts-

gemeinden organisiert (Aleviten in Deutschland: ca. 500.000 Personen)
- Islamische Gemeinschaft der Bosniaken in Deutschland e. V. (IGBD) mit 61 Moscheegemeinden und etwa 30.000 Mitgliedern aus Südosteuropa
- Islamische Gemeinschaft der schiitischen Gemeinden Deutschlands (IGS) mit über 150 Moscheevereinen (Schiiten in Deutschland: ca. 300.000 Personen)
- Islamrat für die Bundesrepublik Deutschland e. V. (IRD), Dachverband für 37 Mitgliedsorganisationen mit ca. 40.000 bis 60.000 Mitgliedern; umstritten ist sein größtes Mitglied, die Islamische Gemeinschaft Milli Görüs, die vom Verfassungsschutz als islamistische Organisation eingestuft wird
- Türkisch-Islamische Union der Anstalt für Religion e. V. (DITIB), die größte muslimische Organisation in Deutschland mit ca. 900 Ortsgemeinden
- Türkische Gemeinde in Deutschland e. V. (TGD) mit ca. 270 Einzelvereinen, sie versteht sich überwiegend als Migrantenvertretung, weniger als religiöse Organisation
- Verband der Islamischen Kulturzentren e. V. (VIKZ) mit ca. 300 Moschee- und Bildungsvereinen
- Zentralrat der Marokkaner in Deutschland e. V. (ZMaD bzw. ZRMD) mit ca. 200 Moscheegemeinden
- Zentralrat der Muslime in Deutschland e. V. (ZMD) mit etwa 300 Moscheegemeinden und ca. 35 Mitgliedsorganisationen

Im Jahr 2007 haben sich die vier großen Verbände DITIB, IRD, VIKZ und ZMD zum »Koordinationsrat der Muslime in Deutschland« (KRM) zusammengeschlossen. Er versteht sich als oberste Dachorganisation der Muslime in Deutschland.

»Keiner hat das Recht, Muslime zu vertreten«, urteilt dagegen Abdel-Hakim Ourghi, Islamwissenschaftler an der Pädagogischen Hochschule Freiburg; die Dachverbände, die einen konservativen Islam propagierten, verträten nur eine Minderheit und »können sich kaum als wahre Vertreter des deutschen Islam bezeichnen«.[49] Und kurz vor dem Bundesparteitag der Grünen im Jahr 2015 haben Cem Özdemir und Volker Beck in einem ausführlichen Papier darauf verwiesen, dass die muslimischen Verbände nicht den Kirchen gleichgestellt werden könnten, denn sie seien keine Religionsgemeinschaften, sondern »national, politisch oder sprachlich, nicht aber bekenntnisförmig geprägt«; zudem sei die DITIB »personell wie organisatorisch abhängig« von der Religionsbehörde der Türkei.[50] Auf dieses Papier bezieht sich der »Abschlussbericht der Kommission ›Weltanschauungen, Religionsgemeinschaften und Staat‹ von BÜNDNIS 90/DIE GRÜNEN«, das die Partei am 17. März 2016 in Berlin vorstellte. In ihm heißt es in wünschenswerter Deutlichkeit: »Die vier großen muslimischen Verbände (Ditib, Islamrat, Zentralrat der Muslime, V.I.K.Z.) erfüllen aus Sicht der Mehrheit der Kommissionsmitglieder zum gegenwärtigen Zeitpunkt nicht die vom Grundgesetz geforderten Voraussetzungen an eine Religionsgemeinschaft im Sinne des Religionsverfassungsrechts hinsichtlich Fragen der Bekenntnisförmigkeit, der Klarheit über Mitgliedschaft und der Gewährleistung ›allseitiger Religionspflege‹. Sie sind religiöse Vereine. Zudem ist nach Auffassung der Kommission religionspolitisch bedenklich, dass die Ditib strukturell der staatlichen Religionsbehörde der Türkei, und damit der dortigen jeweiligen Regierungspolitik, untersteht.«[51]

Die muslimischen Verbände sind religiöse Vereine mit begrenzter Reichweite. Sie repräsentieren lediglich einen Ausschnitt des muslimischen Spektrums, keiner kann für alle Muslime sprechen. Deshalb fällt es nach wie vor schwer, mit dem Islam Verträge abzuschließen. Welcher der Verbände steht für welchen Islam? Und wie viele Muslime werden vom jeweiligen Verband vertreten? Es wird jeweils nur eine Minderheit oder gar ein Bruchteil sein.

Bundeskanzlerin Angela Merkel fragte zu Recht vor dem Evangelischen Arbeitskreis (EAK) der CDU: »Wer sind die Repräsentanten des Islam?« Die Beobachtung, »dass bestimmte Vereine nicht automatisch die Repräsentanten des Islam sind«, spricht ihrer Überzeugung dafür, dass es hier »noch einiges zu tun« gebe.[52]

Das Bild, das der Islam strukturell bietet, ist diffus und verwirrend. Es dürfte sich hinziehen, bis Muslime Organisationsformen herausbilden, die sich in das deutsche Gemeinwesen einfügen. Dieses erfordert einheitliche und verlässliche Ansprechpartner, wenn es um Abmachungen und Verträge geht. Es werden nur schwerlich Staatsverträge und andere Regelungen mit Muslimen zustande kommen, solange es dort derart unübersichtlich zugeht.

Die Kurdische Gemeinde Deutschland (KGD) äußert sich fragend und verbittert: »Hunderttausenden Muslimen, die sich durch die hofierten Islamverbände nicht vertreten fühlen, erschließt sich nicht die naive Haltung, die manch ein Bundes- oder Landespolitiker an den Tag legt. Der Islam ist heterogen und in seiner Auslegung mannigfaltig. Da macht es keinen Sinn, wenn ausgerechnet jene Verbände

Gehör finden, die sich am allerwenigsten an den Werten dieser Gesellschaft orientieren und Erfüllungsgehilfen fremder Staaten sind.«[53]

Religionsfreiheit

Gemäß unserem Grundgesetz ist Religionsfreiheit selbstverständlich. Das betrifft nicht nur die Freiheit, einer Religion zuzugehören, sondern auch die Freiheit, aus einer Religionsgemeinschaft auszuscheiden. Der Islam kennt jedoch die sogenannte negative Religionsfreiheit nicht. Wohl ist der Wechsel zum Islam möglich. Aber es ist weder vorgesehen noch erlaubt, aus dem Islam auszuscheren. Deshalb ist nach wie vor in islamischen Ländern christliche Mission entweder verboten oder sie wird schwer behindert. Wer sich vom Islam abwendet, hat mit Repressalien zu rechnen.

Das hat mit dem Selbstverständnis des Islam zu tun. Er versteht sich als die Krone der Religionen – nach dem Judentum und dem danach entstandenen Christentum, die beide nur Vorstufen zur wahren Offenbarung Allahs an Mohammed (570/573–632) gewesen seien. Dieser wird als das »Siegel der Propheten« betrachtet. Daraus leitet sich das Überlegenheitsgefühl ab, dass im Islam gegenüber Juden und Christen besteht. Sich diesen Religionen zuzuwenden bedeutet nach islamischem Denken einen religiösen Rückschritt auf eine niedere Stufe des Glaubens. Das wird als undenkbar betrachtet und muss verhindert werden.

Wer als Muslim seiner Religion den Rücken kehrt, wird als Abtrünniger betrachtet, der nicht nur seine Glaubensweise ändert, sondern sich damit auch von der Umma, der religiösen Gemeinschaft der Muslime, verabschiedet. Er verrät damit, so die Überzeugung, auch die Gemeinschaft, in der er lebt. Abtrünnige Muslime müssen deshalb mit Widerstand rechnen, oft auch in ihren jeweiligen Familien. Weil mit dem Religionswechsel die »Ehre« der Familie beschmutzt wird, kann es zu heftigen Reaktionen kommen, die oft dazu führen, dass die Betroffenen von den Behörden mit einer neuen Identität ausgestattet werden müssen, weil sie ihres Lebens nicht mehr sicher sind.

Wie brisant sich mangelnde Religionsfreiheit praktisch äußern kann, wurde bei einem evangelischen Fernsehgottesdienst des ZDF erlebbar, der im August 2016 aus dem »Schönblick« übertragen wurde, einem christlichen Gästezentrum in Schwäbisch Gmünd.[54] Es ging um das Thema Christenverfolgung. Ein Iraner, der in seiner Heimat zum christlichen Glauben gefunden und daraufhin hatte fliehen müssen, berichtete von seinem Ergehen. Um ihn vor Häschern aus seiner Heimat und vor Muslimen hier zu schützen, musste er der Gemeinde und den Kameras seinen Rücken zukehren. So blieb sein Gesicht verborgen. Außerdem bat das ZDF im Vorfeld darum, dass die Polizei ein Sicherheitskonzept erarbeite und während des Gottesdienstes vor Ort sei. Gelebte Religionsfreiheit sieht anders aus!

Religiös und weltlich sind nicht getrennt

Der Anspruch des Islam bezieht sich nicht nur auf den einzelnen Menschen und seine religiöse Praxis, sondern er will praktisch-politisch verwirklicht sein. Die Trennung von »Kirche« und Staat kennt der Islam nicht. Diese hat vor allem in der sogenannten Zwei-Reiche- bzw. Zwei-Regimenten-Lehre Martin Luthers ihren Niederschlag gefunden. Ihr zufolge sind Kirche und Staat göttliche Stiftungen, durch die er seine Welt regiert. Der Staat ist dabei für das äußere Ergehen der Bürger verantwortlich. Er hat für Frieden und Gerechtigkeit zu sorgen. Der Kirche fällt dagegen die Aufgabe zu, Menschen für das Evangelium von Jesus Christus zu gewinnen und zu einem Leben in der Liebe anzuleiten. Ihr Auftrag ist es nicht, staatliche Aufgaben zu übernehmen. Auch der Staat darf sich nicht anmaßen, seinen Bürgern vorzuschreiben, was sie zu glauben haben. Beide Bereiche sind voneinander getrennt. Aber sie bleiben aufeinander bezogen, weil sie sich in der einen Welt befinden, die von Gott geliebt und regiert wird.

Diese Trennung zwischen einem religiösen und einem weltlichen Bereich ist im Islam unbekannt. Vielmehr ist der Islam dem gläubigen Muslim religiöse und gesellschaftliche Lebensform zugleich. Verkündigung und Politik, Frömmigkeit und öffentliche Ordnung gehören untrennbar zusammen. Es gibt keinen unpolitischen Islam. Im Gegenteil, der Islam will das gesellschaftlich-politische Zusammenleben gestalten. Aus dem Wahrheitsanspruch leitet er einen Machtanspruch ab.

Die dem Koran gemäße Staatsform ist demzufolge die Theokratie, der Gottesstaat, in dem religiöse Führer und ihre Interpretation des Korans den Ton angeben. Deshalb gibt es derzeit keinen islamischen Staat, der die geforderten Kriterien einer Demokratie erfüllt. Zwar werden in einigen dieser Staaten die Bürger zu den Wahlurnen gerufen. Aber die weiteren grundlegenden Elemente der Demokratie – Mehrheitsprinzip, Meinungs-, Religions- und Pressefreiheit, unabhängige Justiz, Gewaltmonopol des Staates, Schutz von Minderheiten, Gleichberechtigung usw. – finden sich dort nicht bzw. nur in Spurenelementen. Die islamische Religion, vertreten durch ihre Führer, gibt auf allen Feldern den Ton an. Ihr sind die staatlichen Organe untergeordnet.

Insofern steht der Islam als eine politische Religion konträr zur demokratischen Staatsform. Diese wird von Muslimen nur insoweit anerkannt, als sie es ihnen ermöglicht, ihren Glauben frei zu leben. Sie wird also lediglich als Rahmen genutzt, innerhalb dessen sich muslimisches Leben entfalten kann. Würden sich die Mehrheitsverhältnisse umkehren, träte augenblicklich die Scharia an die Stelle des Grundgesetzes. Die Demokratie hat für den Islam nur einen vorläufigen Charakter. Sie dient gleichsam als Mittel zum Zweck, nämlich zur Durchsetzung islamischer Prinzipien auf allen Gebieten des gesellschaftlichen Lebens.

Das Problem der Gewalt

Der Islam hat zum Thema Gewalt von seinen Wurzeln her ein anderes Verhältnis als die Kirchen. Im christlichen Glauben ist Gewalt grundsätzlich Sünde. In seiner Bergpredigt macht Jesus unmissverständlich klar, worauf es im Verhalten der Gläubigen ankommt: »Segnet, die euch verfluchen; bittet für die, die euch beleidigen« (Lukas 6,28). »Liebt eure Feinde und bittet für die, die euch verfolgen« (Matthäus 5,44). Hier bleibt keinerlei Spielraum für irgendeine Anwendung von Gewalt. Später schärft es der Apostel Paulus den Gemeinden ein, »dass sie [...] niemanden verleumden, nicht streiten, gütig seien, alle Sanftmut beweisen gegen alle Menschen« (Titus 3,1 f.).

Leider haben das Christen im Laufe der Kirchengeschichte häufig vergessen und oftmals dagegen verstoßen, weil Machtgier und Hass die Oberhand behalten haben. Die Kreuzzüge und etliche konfessionelle Auseinandersetzungen, vor allem im Dreißigjährigen Krieg, sind Schandflecke in der Kirchengeschichte. Vieles ist hier nur zum Schämen. Aber eines liegt auf der Hand: Auf Jesus und seine Apostel konnte sich keiner berufen, der mit dem Schwert loszog, um für den christlichen Glauben zu streiten und ihn weiterzutragen. Jesus gebietet umfassende Nächsten- und Feindesliebe. Christliche Glaubensverbreitung kann deshalb nur im Stil des Apostels Paulus geschehen: »[...] so bitten wir nun an Christi statt: Lasst euch versöhnen mit Gott!« (2Korinther 5,20). Was über die bittende Einladung hinausgeht, kann sich nicht auf das Neue Testament berufen. Hier heiligt der Zweck keinesfalls die Mittel, sondern die Mittel müssen dem Zweck konform sein. Eine Botschaft der Liebe kann nur in liebevoller Weise vermittelt werden.

Dagegen gibt es im Islam »keine generellen Berührungsängste mit Krieg und Kampf. Der Dschihad in seiner frühesten oder ursprünglichen Bedeutung ist ein Kampf gegen die ›Ungläubigen‹ zum Schutz des Islam sowie zur Ausdehnung oder aber auch nur zur Verteidigung seines Machtbereiches«.[55] Die Gewalt ist im Koran lehrmäßig verankert und wurde von Mohammed vorgelebt. Er führte mehr als zwanzig Feldzüge. Mohammed wird von Muslimen als Respektsperson und absolutes Vorbild betrachtet. In zahlreichen Hadith-Büchern werden sein Leben, seine Gewohnheiten und sein Verhalten beschrieben. Seinem Vorbild nachzueifern, sich so zu verhalten, wie er sich verhalten hat, ist für fromme Muslime höchstes Gebot. Mohammed zu hinterfragen oder gar zu kritisieren gilt als undenkbar. Sein Beispiel ist für Muslime maßgebend.

Mohammed war nicht nur Religionsstifter, sondern auch Feldherr. Deshalb konstatiert die Marburger Islamwissenschaftlerin Ursula Spuler-Stegemann: »Wir haben – oder besser: der Islam – hat ein Gewaltproblem.«[56] Und der 2015 verstorbene Journalist Peter Scholl-Latour, der den Islam aus eigener Erfahrung kannte, bezeichnete ihn als eine kämpferische Religion.

Wenn Papst Franziskus im Juli 2016 auf dem Rückflug vom Weltjugendtag in Krakau vor Journalisten behauptete, dass das Problem der Gewalt auch in christlichen Konfessionen vorkomme und der Islam hier keine Sonderrolle spiele, so übersieht er dabei den entscheidenden Unterschied: Im christlichen Glauben ist Gewaltanwendung grundsätzlich Sünde. So lehrte und lebte es Jesus. Im Islam dagegen ist Mohammed normatives Vorbild. Deshalb gehört im Islam die Gewaltanwendung zu den Bestandteilen der Religion. Außerdem: Wo sind die evangelischen und katholischen Christen, die heute Terror ausüben und ganze Länder in Ängste versetzen?! Die Aussage des Papstes gehört zu den vielfachen kirchlichen Versuchen, den Islam religiös hoffähig zu machen. Diese Verharmlosung grenzt an Anbiederung. Sie beruht auf dem Missverständnis, der Islam sei eine ähnlich geschlossene, bekenntnismäßig geordnete Organisation, wie es die Kirchen sind. Doch der Islam ist sowohl inhaltlich wie auch strukturell zersplittert. Und die Gewaltanwendung ist, begonnen vom Gründer, fester Bestandteil, wenn sie auch nur von einer Minderheit ausgeübt wird.

Die schon erwähnte Studie des Exzellenzclusters »Religion und Politik« der Universität Münster stellt fest: 20 Prozent der in Deutschland lebenden Türken sprechen sich dafür aus, dass Muslime sich mit Gewalt verteidigen dürfen, wenn der Islam durch die westliche Welt bedroht wird; bei der Verbreitung und Durchsetzung des Islam sei Gewalt gerechtfertigt, meinen 7 Prozent.[57] Die Süddeutsche Zeitung titelte am 16. Juni 2016: »Für viele Deutschtürken geht Religion vor Gesetz«.[58]

Auch die ebenfalls bereits zitierte Studie des Bundesministeriums des Innern sieht unter den Muslimen in Deutschland, und in besonderem Maße bei den jungen Muslimen, ein Gewaltproblem.[59] Weil die Ergebnisse der Studie so überraschend negativ ausfielen, schien es fast so, »dass sich das BMI vor den eigenen Ergebnissen fürchtete«.[60]

Und als Ergebnis eines Gutachtens des Sachverständigenrats deutscher Stiftungen für Integration und Migration (SVR) ist festzuhalten: »Der islamistische Terror hat mit dem Islam zu tun, da die Religion bzw. eine fundamentalistische Interpretation des Korans als Referenzrahmen und Legitimationsbasis dient.« Er lasse sich nicht allein »auf Diskriminierung, soziale Marginalisierung, Arbeitslosigkeit oder mangelnden Bildungserfolg zurückführen«.[61]

Aus den genannten Untersuchungen geht aber auch hervor, dass es abwegig ist, den gesamten Islam mit Gewalttätigkeit und Islamismus gleichzusetzen und entsprechende Feindbilder zu kultivieren. Dass es Probleme mit dem Islam gibt, bedeutet nicht, Problem mit allen Muslimen zu haben. Hier gilt es zu differenzieren. Viele Muslime sind auch innerlich in Deutschland angekommen und bewegen sich im Rahmen der abgesteckten Werteordnung. Deshalb haben sie das Recht, ihren Glauben zu leben. Ein Generalverdacht ist unangemessen. Aber Muslime müssen grundsätzlich abklären, wie sie es mit der Gewalt halten.

Das Verhältnis zu den Juden

»Mit der islamischen Einwanderung hat sich eine geradezu selbstverständliche und nicht selten gewaltbereite Form der Judenfeindschaft jenseits des Terrorismus verbreitet. Sie nimmt zu und wird weithin verdrängt.«[62] Die Aussage bezieht sich zwar auf die Situation in Frankreich, aber ansatzweise gilt sie auch für Deutschland. Die islamisch-jüdischen Beziehungen sind seit jeher gespannt. Zwar waren die Juden in den vergangenen Jahrhunderten unter islamischer Herrschaft als religiöse Minderheit toleriert, wenn auch mit vielfältigen Restriktionen bedacht. Aber das änderte sich im späten 19. und erst recht im 20. Jahrhundert. Hitlers »Mein Kampf« mit seinen rassistischen Ausfällen gegen das Judentum wurde ins Arabische übersetzt und fiel auf fruchtbaren Boden, nämlich die traditionelle judenfeindliche Haltung in der islamischen Tradition. Das ist die Situation auch noch heute.

»Der Judenhass wird heute in der gesamten arabischen Welt von Schulen, Universitäten, Medien und Regierungen verbreitet und beeinflusst auch die Muslime Europas.«[63] Die Datenlage erweist sich hierbei oft als schwierig, da offensichtlich nur ein geringes Interesse an den entsprechenden Fakten besteht.[64] Eine Studie aus fünfzehn EU-Staaten, die von der Europäischen Stelle zur Beobachtung von Rassismus und Fremdenfeindlichkeit (EUMC) erstellt worden ist, wurde aus diesem Grund nicht publiziert.

»Judenfeindschaft und antijüdische Gewaltbereitschaft sind heute islamisch und umso wahrscheinlicher, je religiöser Menschen sind.«[65] Aus diesem Grund wird vielerorts männlichen Juden geraten, auf das Tragen der Kippa, ihrer traditionellen Kopfbedeckung, zu verzichten. Hauptproblem sind »nicht allein Terroristen, sondern die alltäglichen Kleinangriffe, Beleidigungen und Demütigungen«.⁶⁶

Der Dauerkonflikt wird wachgehalten und geschürt durch die aktuellen politischen Auseinandersetzungen im Nahen Osten zwischen Israelis und Palästinensern. Hier sehen sich Muslime gern als Opfer. Dabei dürften auch gesellschaftliche Minderwertigkeitsgefühle eine Rolle spielen, denn die muslimische Welt fühlt sich sowohl wissenschaftlich als auch zivilisatorisch der jüdischen weit unterlegen. Das bildet einen unheilvollen Nährboden für Terror und Gewalt.

In diesem Zusammenhang verweist der Psychoanalytiker Martin Altmeyer auf Einsichten des Historikers Dan Diner und spricht bei Muslimen von einem verletzten »Selbstwertgefühl, das mit dem historischen Niedergang und der Rückständigkeit des Islam zu tun hat und mit dem verzweifelten Versuch, die Kränkung projektiv zu bewältigen. Anstatt die Ursachen für das Elend in der eignen Kultur- und Sozialgeschichte zu suchen, wird immer noch der kolonialistische Westen beschuldigt, obwohl für die miserablen Zustände längst die eigenen Eliten verantwortlich sind. Anstatt die hausgemachten Entwicklungshemmnisse zu beseitigen, die vor allem in mangelnder Bildung, Analphabetentum und religiöser Dogmatisierung von Schulen und Universitäten liegen, klagt man über die anhaltende Diskriminierung des Islam. Anstatt Menschenrechte anzuerkennen und ökonomische, politische, kulturelle, soziale und persönliche Freiheiten zu gewähren, werden diese Rechte als unislamisch verteufelt. Anstatt die Symbiose von Staat und Religion aufzuheben, damit die Gesellschaft ihr Potential entfalten kann, wird an der Idee des Gottesstaats festgehalten.«⁶⁷

In vorauseilendem Gehorsam sind viele in Deutschland gerne bereit, der antiisraelischen Haltung von Muslimen entgegenzukommen. So hat das Berliner Hotel Kempinski die Landesvorwahl von Israel – zumindest zeitweilig – aus der in jedem Zimmer befindlichen Liste gestrichen. Während die Hotelleitung argumentierte, auch Island komme ja nicht vor, hat sich ein Berliner Mitarbeiter verplappert: »Die Mehrheit unserer Kundschaft sind Araber, und sie haben verlangt, dass Israel gestrichen werde.«[68] Es muss als Skandal bezeichnet werden, wenn sich Derartiges ausgerechnet in Deutschland zuträgt. Wenn es ums Geschäft geht, müssen offenkundig Moral und Anstand hintanstehen. Ich meine: Wer sich an unserer Wertschätzung für Israel stört, braucht unser Land nicht zu betreten.

6. Der Koran: Was gilt denn nun?

Der Koran bildet die grundlegende Basis für den Glauben der Muslime. Er enthalte das Wort Allahs, das Mohammed, seinem Propheten, in arabischer Sprache offenbart worden sei. Weil der Koran als unfehlbar gilt, darf er nicht verändert werden. Seine Suren – die Abschnitte, aus denen er besteht – gelten als hochheilig. Gläubige Muslime kennen viele davon auswendig, natürlich in arabischer Sprache. In dieser Form werden sie in Koranschulen den Kindern nahegebracht.

Aber es stellt sich die naheliegende Frage an den real existierenden Islam: Welche Aussagen im Koran sind verbindlich und welche nicht? Was gilt und muss unbedingt – über die Zeiten hinweg – beachtet werden? Welche Stellen kann man dagegen vernachlässigen? Darüber besteht unter Muslimen keine Einigkeit, was bis zum heutigen Tag zu ständigen, zuweilen gar kriegerischen Auseinandersetzungen führt.

Auf die Unübersichtlichkeit muslimischer Lehre und die daraus erwachsenden Folgen verweist der Soziologe Heinz Bude: Weil der Islam »keine oberste Autorität mit Heiligkeitsstatus« kenne, »entsteht von außen der Eindruck, als gäbe es innerhalb des islamischen Rahmens genug Raum für selbsternannte radikale Deuter, die nicht zögern, den Ernstfall gegen Dissidenten und Feinde auszurufen«.[69]

Ein »Sammelsurium der Widersprüche«

Das Problem dabei ist der Koran selbst. »Die 114 Suren des Korans sind ein Sammelsurium der Widersprüche, Unklarheiten, Rätsel. Sie wirken wie ein seltsames Puzzle, aus dem jeder alles herauslesen kann, Rohmaterial, das sich jeder zurechtdeuten kann«, schreiben Clemens Höges und Matthias Schulz.[70] Deshalb verwundert es nicht, wenn im Namen des Islam terrorisiert und gemordet wird, während andererseits der Islam sich als eine Religion der Barmherzigkeit präsentiert. Es gibt den Islam der Friedfertigen, aber auch den der Massenmörder, die beispielsweise als »Islamischer Staat« (IS) offensichtlich »jene goldene Urzeit des Islam wiederbeleben«[71] wollen, in der Mohammed in Medina das Gemeinwesen in seinem Sinn geordnet hat.

Was also ist im Koran heute verbindlich und was nicht? Was besitzt aktuelle Gültigkeit und muss unbedingt befolgt sein, was dagegen kann als zeitbedingt betrachtet werden? Welche Auslegung ist richtig? Leider herrscht hier unter Muslimen wenig Einigkeit. »Jeder versucht dort fast jeden zum Außenseiter zu erklären. Die Branche ist zerstritten wie kaum ein anderer Wissenschaftszweig.«[72] Insgesamt fällt es den meisten Muslimen schwer, die eigene Religion kritisch zu reflektieren.

Dabei geht es jedoch nicht um theologische Spitzfindigkeiten, die lediglich für einen kleinen Zirkel diskussionswürdig wären. Die Frage nach der Geltung des Korans hat erhebliches Gewicht auf allen Feldern der Lebenspraxis. Denn der Koran ist Wegweiser für das Verhalten. Und da von einem allahgefälligen Verhalten das ewige Heil im Paradies abhängt, wird jeder bewusste Muslim darauf achten, seine Worte und Taten am Koran auszurichten.

Der Koran der Friedfertigen

Für ihn steht in Deutschland vor allem Mouhanad Khorchide, der als Professor für islamische Religionspädagogik an der Universität Münster lehrt. Er vertritt einen milden und sanften Islam, der die Freiheit aller Menschen ermöglicht. Eine der Grundlagen dafür sieht er in Sure 21,107: »Und wir entsandten dich nur als eine Barmherzigkeit für die Welt«.[73] Diese Aussage wird im Koran mehrfach unterstrichen, so unter anderem in Sure 3,29: »[...] Allah ist verzeihend und barmherzig.« Er ist »der Schützer der Gläubigen; er führt sie aus den Finsternissen zum Licht« (Sure 2,258).

Bereits in Sure 1, die von gläubigen Muslimen mehrmals am Tag gebetet wird, ist die Rede von Allah, »dem Erbarmer, dem Barmherzigen«. Außerdem wird jede Sure mit dieser Aussage eingeleitet: »Im Namen Allahs, des Erbarmers, des Barmherzigen!«

Von diesen Koranstellen aus gewichtet Khorchide alle anderen Passagen. Was ihnen inhaltlich entgegensteht, wird relativiert, in die zweite Reihe verbannt und als zeitbedingt und deshalb nicht maßgebend eingeordnet. Folglich erwartet Khorchide aus seiner Auslegung des Korans die Entwicklung eines neuen Humanismus. Sein Bild des Islam ist mit den westlichen Werten durchaus kompatibel, zumal sich scheinbar auch der Gedanke der Religionsfreiheit im Koran findet: »Es sei kein Zwang im Glauben« (Sure 2,257).

Außerdem finden sich im Koran zahlreiche Aufforderungen zur Nächstenliebe, zur Versorgung der Bedürftigen durch eine Armensteuer usw. »Und wer aus freien Stücken Gutes tut, dem soll Gutes werden« (Sure 2,180). Außerdem ruft der Koran zur Wahrhaftigkeit auf: »Und kleidet nicht die Wahrheit in die Lüge und verbergt nicht die Wahrheit wider euer Wissen« (Sure 2,39). Diese Auflistung ließe sich beliebig fortsetzen.

Den Wohltätern winkt im Jenseits die Herrlichkeit des Paradieses, die im Koran ausgiebig und verlockend beschrieben wird (z. B. Sure 47,16 f.). Es ist aber auch diese Aussicht, die Muslime motiviert, sich im Dschihad aufzuopfern und Ungläubige zu töten. »Dschihad ist gleichermaßen individuelle Glaubenspraxis und kriegerischer Kampf gegen die Ungläubigen, ein verdienstvolles Werk, für das die Aufnahme ins Paradies verheißen ist.«[74] Die Studie des Bundesministeriums des Innern stellt für die muslimische Wohnbevölkerung in Deutschland fest: »So wird die Auffassung einer göttlichen Belohnung für ›Gotteskämpfer‹ von einer bemerkenswert großen Gruppe von über 40 % geteilt.«[75]

Martin Luther, der den Koran erst 1542 kennenlernte (in lateinischer Übersetzung), hat Teile daraus ins Deutsche übertragen. Er erwartete zwar, dass der Koran beim christlichen Leser gegen sich selbst sprechen würde, aber er gab zu, dass es im Islam Elemente beeindruckender Frömmigkeit gebe.[76]

Vertreter eines milden Islam sind heute in der Gesamtheit der Muslime Außenseiter. Es verwundert nicht, dass Mouhanad Khorchide Personenschutz in Anspruch nehmen muss, weil er wegen seiner Auslegung angefeindet und bedroht wird.

Der Koran der Gewalttäter

An mehr als 200 Stellen wird im Koran zur Gewalt aufgerufen. Mohammed selbst war ein brutaler Eroberer. In Sure

47,4 geht es rigoros zu: »Und wenn ihr die Ungläubigen trefft, dann herunter mit dem Haupt, bis ihr ein Gemetzel unter ihnen angerichtet habt [...].« Laut Sure 47,5 wollte Allah eigentlich am liebsten selbst das Töten vollziehen; nun aber sollten sich die Gläubigen gegenseitig prüfen, ob das Strafgericht auch ordentlich vollzogen worden sei. Wer einen anderen Gott als Allah anbete, habe den Tod verdient, verkündet Sure 9,5: »Sind aber die heiligen Monate verflossen, so erschlaget die Götzendiener, wo ihr sie findet, und packet sie und belagert sie und lauert ihnen in jedem Hinterhalt auf.« Von Mitleid und Erbarmen keine Spur!

Der Wechsel zur muslimischen Religion solle laut Sure 8,40 notfalls mit Gewalt erzwungen werden: »Und kämpfet wider sie, bis kein Bürgerkrieg mehr ist und bis alles an Allah glaubt.« Sure 48,16 unterstreicht das: »[...] ihr sollt mit ihnen kämpfen oder sie werden sich ergeben.«

Das Prinzip der Vergeltung ist vollgültig: »Und bekämpft in Allahs Pfad, wer euch bekämpft [...]. Und erschlagt sie, wo immer ihr auf sie stoßt [...]. Greifen sie euch jedoch an, dann schlagt sie tot. Also ist der Lohn der Ungläubigen« (Sure 2,186 f.; ähnlich z. B. Sure 4,91).

Mohammed hat zum Kampf gegen die Juden – das Volk der Schrift laut Sure 2,103 – aufgerufen. Sollten diese sich nicht dem Anspruch Allahs und seines Propheten beugen, hätten sie tödliche Konsequenzen zu befürchten: »Siehe, wer da unsre Zeichen verleugnet, den werden wir im Feuer brennen lassen. Sooft ihre Haut gar ist, geben wir ihnen eine andre Haut, damit sie die Strafe schmecken« (Sure 4,59). Die Konsequenz: Wer heute Juden tötet, kann sich durchaus auf den Propheten des Islam berufen. Man wird dem württembergischen Kirchenrat i. R. Albrecht Hauser zustimmen müssen, wenn er grundsätzlich feststellt: »Die konservativen Muslime und Islamisten haben den Koran und die Hadith und die Sunna, nämlich Aussagen Mohammeds und sein Leben, mehr auf ihrer Seite als diejenigen, die einen dem Westen angepassten Islam herbeireden wollen.«[77]

Eine friedliche Koexistenz mit solchen, die nicht an Allah glauben, ist frommen Muslimen verboten (Sure 5,56). Eine solche kann immer nur ein Übergangszustand sein, solange die Anhänger Allahs in der Minderheit sind. In diesem Sinne predigte der Imam der Moschee in Mekka im Jahr 2016 während des jährlichen Hadsch, der großen Pilgerfahrt: »Oh Allah, schenke Sieg, Ehre und Macht unseren Brüdern, den Dschihadisten im Jemen, in Syrien, im Irak, auf der ganzen Welt. Lass sie triumphieren über die verräterischen Juden, die bösartigen Christen und die unzuverlässigen Heuchler.«[78]

Fazit: Den Islam als eine friedfertige Religion zu bezeichnen wird weiten Teilen dieser Religion nicht gerecht. Die Gewalt ist im Islam kein Ausrutscher Einzelner, sondern sie ist systemimmanent. Sie gehört von den Anfängen an dazu. Wer diese Seite des Islam leugnet oder relativiert, offenbart seine Ahnungslosigkeit. Aus dem Koran ergeben sich genügend Argumente für die Ausgrenzung Andersgläubiger, für Hass und Gewaltanwendung – ein wahrer Zündstoff. Es wird also auch weiterhin mit terroristischen Anschlägen zu rechnen sein.

Der Soziologe Ruud Koopmans, Direktor der Abteilung Migration, Integration, Transnationalisierung im Wissenschaftszentrum Berlin für Sozialforschung und Professor an der Humboldt-Universität zu Berlin, schreibt in wünschenswerter Deutlichkeit, »dass es keine andere Weltreligion gibt, wo der Hass auf Andersdenkende und religiöse Minderheiten und ihre Entrechtung so tief verwurzelt sind wie in der muslimischen Welt. [...] Angesichts der weitverbreiteten Unterdrückung von sexuellen und religiösen Minderheiten in der islamischen Welt kann unmöglich behauptet werden, dass der Hass auf Anderslebende und Andersgläubige ›nichts mit dem Islam zu tun‹ habe oder dass ›der‹ Islam ›eine Religion des Friedens‹ sei. Es zeugt außerdem von einem mangelhaften Unrechtsbewusstsein, die Trommel der ›Islamophobie‹ zu rühren, aber zu schweigen über die viel schlimmere Phobie der muslimischen Welt gegen alles Unislamische. [...] Um das zu ändern, ist eine Revolution des Denkens innerhalb der islamischen Welt notwendig – eine islamische Reformation, wenn man so will. Und die wird es so lange nicht geben, wie die Verneinungsthese des ›Es hat mit dem Islam nichts zu tun‹ und die Kultivierung der muslimischen Opferrolle die Debatte über Radikalisierung, Verfolgung und Gewalt dominieren. Nur wenn sich ein Bewusstsein dafür herausbildet, dass die Wurzeln des Problems im Mainstream des gegenwärtigen Islams liegen, ist eine Besserung möglich.«[79]

Stolpersteine koranischer Ethik

Die Frage, was denn heute verbindliche Lehre und Lebensweise sei, ist also die zentrale Frage, die an den Islam zu richten ist. Sie ergibt sich auch angesichts der ethischen Aussagen des Korans, die die Grundlage der Scharia bilden, des muslimischen Rechts. Was davon gilt heute und ist von frommen Muslimen unbedingt zu befolgen?

Es seien hier einige Punkte aufgelistet, die eine grundsätzliche Differenz zur demokratischen Kultur aufweisen. So wird im Koran ...

- ... die Überlegenheit des Mannes gelehrt. Die Ehefrau darf geschlagen werden (Sure 4,38). Frauen können getauscht werden (Sure 4,24). Gleichwertigkeit und Gleichberechtigung der Frau finden sich im Koran nicht. Deshalb verwundert es nicht, dass in Deutschland zahlreiche muslimische Männer deutschen Frauen den Handschlag verweigern.
- ... die Polygamie erlaubt (Sure 4,3). Mohammed selbst hatte zwölf Frauen. Darf das auch in unseren Breitengraden praktiziert werden?
- ... die Zeugenaussage einer Frau nur halb so gewichtig gewertet wie das Zeugnis eines Mannes (Sure 2,282).
- ... die sexuelle Verfügbarkeit der Ehefrau gelehrt; sie hat dem sexuellen Verlangen des Mannes Folge zu leisten (Sure 2,222 f.).
- ... dem Dieb oder der Diebin die Hand abgeschnitten »als Lohn für ihre Taten« (Sure 5,42).
- ... der, der Ehebruch begeht, mit hundert Geißelhieben bestraft (Sure 24,2).
- ... der Abfall vom Islam mit dem Tod bestraft (Sure 3,86–91; 16,106).[80]

Es versteht sich von selbst, dass solche Werte und Anweisungen dem deutschen Grundgesetz fundamental widersprechen. Sie sind inkompatibel mit den grundlegenden Prinzipien einer freiheitlichen Gesellschaft. Wer sie dennoch bei uns praktizieren will, befindet sich außerhalb der Wertegemeinschaft einer Demokratie. Er hat in Deutschland nichts zu suchen.

Politische Konsequenzen

Die Brisanz der Frage, was denn im Koran verbindlich sei und was nicht, wird besonders dringlich, wenn der private religiöse Raum verlassen und die gesellschaftlich-politische Szene betreten wird. Hier werden die Spielregeln für das Ganze festgelegt. Das wird beispielsweise in der Geschäftsordnung des Koordinationsrats der Muslime in Deutschland ersichtlich, die in Paragraf 1 Absatz 5 eindeutig festhält: »Koran und Sunna des Propheten Mohammed bilden die Grundlagen des Koordinationsrats.«[81] Somit werden die von Mohammed aufgezeichneten und gesprochenen Worte auch heute noch als verbindliche Anweisungen für Muslime angesehen. Sie verlangen Geltung über die jeweiligen staatlichen Regelungen hinaus.

Im selben Duktus wurde 1990 auf der Außenministerkonferenz der Organisation für Islamische Zusammenarbeit (OIC) die »Kairoer Erklärung der Menschenrechte im Islam« verabschiedet, die in ihren Schlussartikeln 24 und 25 bestimmt: »Alle in dieser Erklärung aufgestellten Rechte und Freiheiten unterliegen der islamischen Scharia. Die islamische Scharia ist der einzige Bezugspunkt für die Erklärung oder Erläuterung eines jeden Artikels in dieser Erklärung.«[82] Nicht die UN-Menschenrechte bilden die Grundlage, sondern die islamische Gesetzgebung, die Scharia. Erstere haben nur so weit Gültigkeit, als sie der Scharia nicht widersprechen. Diese thront über allem und ist allein maßgebend.

Für Muslime stehen nicht nur im privaten Raum, sondern auch im Gefüge eines Staates die Gebote des Korans voran. Sie bilden die Basis für islamisches Handeln. Sie stehen über Verfassung und Gesetz der Länder, in denen Muslime leben. Das Recht dieser Länder gilt nur, solange sich der Islam in der Minderheit befindet und nicht über die Macht verfügt, die Scharia allgemeingültig durchzusetzen.

Kontrastprogramm: Die Bibel und ihre Auslegung
Der Unterschied zur Bibel und ihrer Auslegung liegt auf der Hand: Die Bibel ist in ihren Inhalten weitgehend geschichtlich angeordnet und wird entsprechend gelesen und ausgelegt. Dem Alten folgt für Christen das Neue Testament. Das entspricht dem Selbstverständnis der Bibel. Deshalb gehen ihre Ausleger folgerichtig davon aus, dass sich nicht alle biblischen Aussagen auf der gleichen Ebene befinden und in gleichem Maße aktuelle Gültigkeit beanspruchen. Wenn Gott beispielsweise dem israelitischen Volksführer Josua befiehlt, die Stadt Jericho zu vernichten (Josua 6), so ist das heute für unser Verhalten völlig irrelevant. Es handelt sich um einen geschichtlichen Bericht, nicht um eine zeitlos gültige Anweisung.

In der Bibel ist das Neue Testament zwar zeitlich nachgeordnet, von der Bedeutung her – sozusagen als Auslegungswegweiser – aber vorgeschaltet. Das Alte wird vom Neuen her gelesen und verstanden. Diese Differenz stellt Jesus heraus, wenn er in seiner Bergpredigt das Neue, das er gebracht hat, kontrastierend dem Alten entgegenstellt: »Ihr habt gehört, dass gesagt ist: ›Du sollst deinen Nächsten lieben‹ und deinen Feind hassen. Ich aber sage euch: Liebt eure Feinde und bittet für die, die euch verfolgen« (Matthäus 5,43 f.). Das Neue, das Jesus bringt und gebietet, hat einen Mehrwert gegenüber dem Bisherigen. Alte Aussagen der Bibel werden damit als überholt erklärt. Sie haben heute keinerlei kultische oder ethische Relevanz mehr. Für den christlichen Bibelgebrauch ist Jesus Kern und Stern des Verständnisses. Sein Reden und Verhalten sind das Maß aller Dinge.

Für die Auslegung der Bibel versteht es sich von selbst, dass sich die gesellschaftlichen Verhältnisse seit der Abfassung der biblischen Bücher verändert haben. Wir leben nicht mehr im Orient. Die Herrschaft des Kaisers ist von gestern, ebenso die Sklaverei. Neutestamentliche Aussagen, die sich darauf beziehen, werden sorgsam in das Heute übertragen. Die Gegenwart wird angenommen, die biblischen Werte werden dorthinein »verlängert«, um ihr aktuelles Verständnis wird gerungen. Um nur ein Beispiel zu nennen: Was besagt etwa die Aufforderung »Jedermann sei untertan der Obrigkeit, die Gewalt über ihn hat« (Römer 13,1) heute in einer freiheitlichen Demokratie? Dabei kann es in Einzelfragen unter Christen bzw. zwischen den Konfessionen durchaus unterschiedliche Meinungen darüber geben, was heute noch Gültigkeit beanspruchen kann und was lediglich als zeitbedingt und überholt zu betrachten ist. Das Grundprinzip der biblischen Auslegung, nämlich die Berücksichtigung des geschichtlichen Bezugs, wird dadurch nicht ausgehebelt.

Diese Abklärung steht im Islam aus. Er muss die Frage beantworten: Welche Aussagen im Koran gelten heute noch und welche nicht? Und nach welchen Maßstäben wird dabei geurteilt?

7. Bau von Moscheen

Derzeit haben wir in Deutschland geschätzt ca. 2750 Moscheen bzw. Gebetshäuser unterschiedlicher Größe.[83] Die Zahlen wachsen an, weitere repräsentative Moscheen sind geplant.

Häufig wird die Meinung vertreten, Muslimen dürfe erst dann das öffentliche Ausüben ihrer Religion zugestanden werden, wenn in ihren Heimatländern die gleichen Freiheiten auch für Christen selbstverständlich seien; solange dies nicht der Fall sei, müsse der Bau von Moscheen und anderen religiösen Gebäuden unterbleiben.

Doch diese Position widerspricht zunächst elementaren christlichen Maßstäben. Denn das hier zugrunde liegende Prinzip »Wie du mir, so ich dir« wird von Jesus in der Bergpredigt aus den Angeln gehoben. Vielmehr gilt: »Alles nun, was ihr wollt, dass euch die Leute tun sollen, das tut ihnen auch!« (Matthäus 7,12). Das uns angetane Böse darf nicht für das eigene Verhalten handlungsleitend sein.

Auch rechtsstaatliche Grundsätze widersprechen der obigen Meinung. Die Tatsache, dass es in den meisten islamisch geprägten Staaten für christliche Kirchen keine Religionsfreiheit gibt, ist für die Gewährleistung der Religionsfreiheit in Deutschland juristisch ohne Belang. Die grundgesetzlich garantierte Religionsfreiheit gilt auch für Angehörige von Staaten, die selber eine solche Freiheit nicht gewähren.

In Deutschland dürfen Moscheen gebaut werden. Neu errichtete oder in Planung befindliche Moscheen sind oft mit Kuppel und Minarett ausgestattet und zeigen auf diese

Weise Präsenz. Dabei tauchen manche Probleme auf, wie sie u. a. ein ausführlicher SPIEGEL-Artikel schildert.[84] Wenn Moscheen etwa kombiniert sind mit eigenen Einkaufszentren, Gaststätten, Ärztezentren usw., bleiben Muslime zwangsläufig unter sich. Das fördert Parallelgesellschaften und hindert Integration.

In der Vergangenheit wurden hin und wieder beim Bau das deutsche Recht und die Maßgaben der Baubehörden missachtet. Manchmal waren am Ende die Kuppel und das Minarett höher als erlaubt, so die Frankfurter Allgemeine Zeitung vom 5. Oktober 2003: »Es sei schon seltsam, sagt der Bürgermeister von Neukölln: Wenn gefragt werde, woher Moscheevereine denn Geld für Neubauten hätten, werde auf die immense Großzügigkeit der Muslime verwiesen, doch wenn es um Bußgelder für offenbar absichtliche Bausünden gehe, werde die Armut der Gemeindeglieder beschworen.« Kürzlich hat mir ein mir befreundeter Bundestagsabgeordneter aus seinem Wahlkreis Ähnliches berichtet – ohne dass die Baubehörde eingegriffen hätte. In Berlin erbaute die DITIB eine Moschee, deren beide Minarette 37 Meter hoch waren statt der genehmigten 28 Meter. Die Kuppel maß 22 statt der erlaubten 18 Meter.[85]

Hinter den Bauprojekten stehen »saudische und arabische Stiftungen [...] – deren Heimatländer auf der Weltskala der Religionsfreiheit auf den allerletzten Plätzen rangieren«.[86] Es versteht sich von selbst, dass mit den erheblichen finanziellen Zuwendungen auch inhaltliche Absichten verbunden sind: »Nennen Sie mir irgendjemanden, der mir 15 bis 20 Millionen schenkt und dafür keine Bedingungen an mich hat«, so Stefanie Vogelsang, bis 2009 Bezirksstadträtin in Berlin-Neukölln.[87]

Die Zahl derer, die Kritik am Bau von Moscheen üben, wächst, auch unter Muslimen liberaler Richtung. Welche Auffassung vertritt der Trägerverein in der Frauenfrage? Wie verhält er sich zum Terrorismus? Werden noch mehr Frauen und Mädchen unter Druck gesetzt, ein Kopftuch zu tragen? Soll im Endeffekt die Scharia durchgesetzt werden? Die Gründerin und Präsidentin des »Forums für einen fortschrittlichen Islam« (FFI) in der Schweiz, Saïda Keller-Messahli – Trägerin des Schweizer Menschenrechtspreises 2016 –, äußert sich skeptisch gegenüber dem, was sich inhaltlich in den Moscheen abspielt: »Was in den Moscheen abgeht, radikale Prediger, Finanzierungen vom Ausland, ein finsteres Frauenbild und so weiter – das ist die größte Herausforderung. [...] Meines Erachtens arbeiten die meisten Moscheenvereine gegen die Integration.«[88]

Erwiesenermaßen werden zahlreiche Moscheen dazu benutzt, antiwestliche, antisemitische und antidemokratische Propaganda zu betreiben; in Predigten werden Vorurteile genährt und Hass geschürt. Deshalb stehen derzeit etwa 90 Moscheegemeinden unter Beobachtung des Verfassungsschutzes.[89]

Ein besonderer Streitpunkt vor Ort ist der öffentliche Gebetsruf des Muezzins. Er erschallt fünfmal pro Tag vom Minarett der Moschee. In ihm wird der islamische Glaube in arabischer Sprache öffentlich bekannt. Er hat folgenden Wortlaut: »Allah ist am größten« (4x). »Ich bezeuge, es gibt keinen Gott außer Allah« (2x). »Ich bezeuge, Muhammed ist der Gesandte Allahs« (2x). »Auf zum Gebet!« (2x). »Auf zum Wohlergehen!« (2x). »Allah ist am größten« (2x). »Es gibt keinen Gott außer Allah.«[90]

Diese Glaubensaussage wird demonstrativ an die Öffentlichkeit gebracht. Doch es kann in einem pluralistischen Staat niemandem zugemutet werden, zwangsweise und regelmäßig dem offensiven Glaubensbekenntnis einer Religion ausgesetzt zu sein. Man stelle sich vor, evangelische und katholische Pfarrer würden vom Kirchturm herab Elemente des christlichen Glaubensbekenntnisses ausposaunen. Das gäbe – zu Recht – einen Aufschrei der Empörung. Deshalb darf der öffentliche Muezzinruf in unserem Land keinen Platz haben.

Dieser Gebetsruf kann übrigens keineswegs mit dem kirchlichen Glockenläuten verglichen werden. Denn mit dem Läuten der Glocken verbinden sich keine bekenntnismäßigen Aussagen. Es erinnert an die Tages- und Gebetszeiten und lädt zum Besuch der Gottesdienste ein, wirbt aber nicht inhaltlich für den christlichen Glauben.

8. Islamischer Religionsunterricht

Gemäß unserem Grundgesetz sollen sich »Kinder, Jugendliche und Erwachsene [...] frei und selbständig religiös orientieren können«.[91] Der schulische Religionsunterricht wird aus gutem Grund von den Konfessionen inhaltlich gestaltet, denn: »Eigene Überzeugungen bilden sich nicht im Niemandsland der Gleich-Gültigkeit, sondern dadurch, dass junge Menschen bestimmten Glaubensüberzeugungen und -vorstellungen begegnen. Das schließt den Dialog mit anderen Positionen ein.«[92]

Es ist nur konsequent, dass auch muslimische Kinder einen ihnen gemäßen Religionsunterricht in der Schule erhalten. Er muss ordentliches Lehrfach sein, selbstverständlich verfassungsgemäß orientiert, und in deutscher Sprache stattfinden. Er steht unter deutscher Schulaufsicht.

Mit der Einführung eines islamischen Religionsunterrichtes verband sich die leise Hoffnung, extremen muslimischen Kräften die Deutungshoheit über den Islam entreißen zu können. Den Koranschulen sollte ihr religiöses Monopol streitig gemacht werden, wird doch dort häufig nicht nur das Rezitieren von Suren gelehrt, sondern auch der Gottesstaat als erstrebenswertes Ziel gepriesen, auch für die Bundesrepublik. Leider hat sich diese Hoffnung nicht erfüllt. Es zeichnet auch nach der Einführung des islamischen Religionsunterrichts die Tendenz ab, dass die Koranschulen unverändert fortgeführt werden. Allerdings ist der Anteil der muslimischen Kinder, die eine solche Schule besuchen – ca. 10 Prozent[93] –, zurückgegangen.

Derzeit stehen dem islamischen Religionsunterricht noch einige Hindernisse entgegen:

- Es gibt keine islamische Körperschaft, die für *den* Islam sprechen und entsprechende Verträge für alle Muslime abschließen könnte. Der Staat trifft auf keinen legitimierten Ansprechpartner, der die Inhalte für den islamischen Religionsunterricht verbindlich festlegen könnte. Dessen Inhalte müssen in die Lehrpläne und die Prüfungsanforderungen übernommen werden. Hier sind sich Muslime intern nicht einig.
- Weil der Islam keine den Kirchen vergleichbare Mitgliedschaft kennt, ist »unklar, wer am Unterricht teilzunehmen hätte bzw. teilnehmen dürfte«.[94]
- Außerdem müssen entsprechende Lehrstühle für die Ausbildung der Lehrkräfte eingerichtet werden. Das ist derzeit erst an wenigen Universitäten der Fall. Es gibt noch zu wenige Lehrerinnen und Lehrer, um alle muslimischen Kinder unterrichten zu können.
- Der Religionsunterricht ist als ordentliches Lehrfach versetzungsrelevant. Er muss deshalb den Standards entsprechen, die auch für andere Schulfächer gelten.

»Der Unterricht sollte die muslimischen Schülerinnen und Schüler zu einer freien und selbständigen religiösen Orientierung befähigen und den interreligiösen Dialog fördern.«[95] Es muss jedoch bezweifelt werden, dass dieses Ziel im Interesse maßgeblicher muslimischer Verbände liegt, die teilweise im Visier des Verfassungsschutzes sind.

Die Lehrkräfte haben sich loyal »gegenüber den verfassungsrechtlichen Grundwerten der offenen, pluralistischen

Gesellschaft« zu verhalten.⁹⁶ Es ist jedoch zu befürchten, dass islamische Lehrkräfte in einen Loyalitätskonflikt zwischen Grundgesetz und orthodoxem Islam manövriert werden.

Der Kirchenhistoriker Gerhard Besier weist darauf hin, dass »deutsche Universitäten schon die Erfahrung machen mussten, dass die an Universitäten ausgebildeten Theologen und Lehrer kaum Chancen auf eine Anstellung haben. Denn die meisten konservativen Islamverbände mögen die akademisch gebildeten Geistlichen nicht. Und wäre es anders, könnten sie diese auch gar nicht bezahlen.«⁹⁷

Darüber hinaus liegen manche islamische Richtungen im Streit miteinander, führen gar Krieg gegeneinander – siehe Sunniten und Schiiten. Welche Richtung soll Schulfach werden? Welche Art von Islam soll gelehrt werden? Wie ist der Koran zu verstehen? Hier liegen Muslime über Kreuz. Nochmals: Es fehlt *der* Ansprechpartner, den der Staat benötigt, um die Inhalte des islamischen Religionsunterrichts festzulegen.

Um das Problem zu verdeutlichen: Das Land Hessen hat zwei islamische Moscheeverbände als Religionsgemeinschaften anerkannt: DITIB und Ahmadiyya, eine von sufischer Mystik geprägte islamische Reformbewegung, die aus Pakistan stammt, dort aber von radikalen Sunniten verfolgt wird. Beide Gruppierungen konnten sich nicht auf einen gemeinsamen Lehrplan einigen. Nun gibt es zwei verschiedene Lehrpläne, obwohl das Kultusministerium es lieber gesehen hätte, wenn es nur einen gäbe. Es steht zu befürchten, dass nun andere islamische Gruppierungen ebenfalls »ihren« Islam in die Lehrpläne einbringen möchten.

Die Forderung nach einem islamischen Religionsunterricht ist leicht gestellt, ihr zu entsprechen aber schwierig.

Weil der Islam die tief in christlicher Überzeugung verwurzelte Unterscheidung von Kirche und Staat nicht kennt, sind alle möglichen Konflikte programmiert. Zu Recht warnt etwa der Grünen-Vorsitzende Cem Özdemir: »Wenn wir unsere Schulen für muslimischen Religionsunterricht über DITIB öffnen, lassen wir zu, dass Erdogans Ideologie im Unterricht in unserem Land verbreitet wird. Das finde ich unerträglich.«[98]

9. Eine unendliche Geschichte: das Kopftuch

Das Bundesverfassungsgericht, das höchste juristische Organ in Deutschland, hat geurteilt: Das Kopftuch darf von Lehrerinnen getragen werde, es sei denn, es störe den Schulfrieden.[99] Damit hat man den Schwarzen Peter an die schwächste Stelle weitergereicht: an die Schulen vor Ort, die bereits mit islamspezifischen Problemen zu kämpfen haben (Sportunterricht der Mädchen, muslimische Gebetsräume und -zeiten usw.). Dort sollen nun, von Ort zu Ort und von Schule zu Schule unterschiedlich, die Entscheidungen getroffen werden.

Der Europäische Gerichtshof für Menschenrechte hat dagegen die Beschwerde einer Schweizer Kopftuchträgerin abgewiesen, da es schwierig sei, »das Tragen des islamischen Kopftuchs mit der Botschaft der Toleranz, des Respekts und insbesondere der Gleichheit und Nichtdiskriminierung zu vereinbaren«.[100]

Beim Kopftuch geht es keineswegs um die Geschmacksfrage einer Kopfbedeckung, sondern um ein hochgradig aufgeladenes Symbol. Das Tragen des Kopftuches hat für muslimische Frauen Bekenntnischarakter. Auch in Deutschland sieht man es immer häufiger in der Öffentlichkeit. Islamische Fundamentalisten drängen darauf, das Kopftuch zu tragen. Eine Frau, die sich dem entzieht, muss mit Widerstand rechnen und in manchen Ländern gar um ihr Leben fürchten.

Für Kritiker, etwa für die feministische Publizistin Alice Schwarzer, ist das Kopftuch Ausdruck der Dominanz des Mannes und damit der Degradierung der Frau. Außerdem signalisiert es eine Distanz zum »Westen« und seiner freiheitlichen Kultur.

Alevitische Muslima lehnen übrigens das Tragen des Kopftuchs ab. Es gibt einen Islam ohne Kopftuch. Aber es gibt keinen Islamismus ohne Kopftuch.

Es ist somit umstritten, ob das Kopftuch religiös unabdingbar sei; die entsprechenden Aussagen des Korans werden unterschiedlich interpretiert.[101] Wäre das Kopftuch ein freies Zeichen selbstbestimmter Frauen, dann könnten sie für sich entscheiden, ob sie es tragen wollen oder nicht. Dem steht jedoch der Druck entgegen, dem viele muslimische Frauen in Familie und Gesellschaft ausgesetzt sind.

Eine Lehrerin, die auf das Tragen eines Kopftuchs beharrt, bekennt sich zweifellos zum Raum des Islam und zu dessen Werten, nicht aber unbedingt zu unserer freiheitlichen Verfassung und deren Werten. Lehrerinnen haben den demokratischen Staat zu repräsentieren. Das Kopftuch jedoch unterstreicht die kulturelle Differenz. Es setzt ein zweifelhaftes Signal, das zum Türöffner für weitere entsprechende Akzente werden kann. Man stelle sich vor, eine Lehrerin würde es nicht beim Kopftuch belassen, sondern Wert darauf legen, in einer Chimar aufzutreten, einem mantelartigen Schleier, der bis zur Taille reicht, oder im Tschador, dem Ganzkörperschleier, oder einer Nikab, der lediglich einen Augenschlitz freilässt, oder gar in einer afghanischen Burka mit ihrer Totalverhüllung einschließlich Gesichtsgitter zu unterrichten. Wo wird die Grenze gezogen?

Ein generelles Burkaverbot, wie es in Frankreich besteht, lässt sich in Deutschland politisch wohl nicht durchsetzen. Aber es gehört zur Kultur in unseren Breitengraden, dass man sich mit freiem Angesicht begegnet. Kommunikation braucht Offenheit, auch im wahren Sinn des Wortes. Man soll und muss wissen, mit wem man es zu tun hat und wie der Betreffende reagiert. Verhüllungen aller Art betonen nicht nur die Distanz zu unserer Kultur, sondern öffnen auch dem Missbrauch Tür und Tor, wie es verschiedentlich schon geschehen ist. Männer haben sich mit der Burka bekleidet, um unerkannt trüben Geschäften nachgehen zu können.

Es sollte in Deutschland selbstverständlich sein, dass sich verschleierte Frauen, die vor Gericht auftreten, in den Medien, Schulen und Behörden, den hiesigen Gepflogenheiten anpassen – und nicht umgekehrt.

10. Integration – leichter gesagt als getan

Reinhard Hempelmann, Leiter der Evangelischen Zentralstelle für Weltanschauungsfragen (EZW), prognostiziert: »Die eingewanderten Flüchtlinge des Jahres 2015 werden die Situation in der Gesellschaft der Bundesrepublik fraglos tiefgreifend verändern. In welche Richtung, lässt sich noch nicht sagen.«[102] Dagegen versicherte Bundeskanzlerin Angela Merkel in ihrer Regierungserklärung am 7. September 2016: »Deutschland wird Deutschland bleiben – mit allem, was uns daran lieb und teuer ist.«[103] Welche Sichtweite wird sich langfristig durchsetzen? Davon hängt außerordentlich viel für unser Land und darüber hinaus für die übrigen europäischen Staaten ab, die zum Teil mit ähnlichen Problemen konfrontiert sind.

Anstrengende Vielfalt statt multikultureller Dauerparty
Es zeigt sich spätestens jetzt: Das Zusammenleben unterschiedlicher Religionen und Kulturen stellt keine Art Dauerparty dar, auf der es locker-flockig zugeht. Zweifellos sind Transparente, auf denen die religiöse und kulturelle Vielfalt gerühmt wird, ehrlich gemeint und schnell gemalt: »Deutschland ist bunt«, oder: »Lieber Vielfalt statt Einfalt«, usw. Die »Willkommenskultur« wird gern gerühmt. Ein »Wir schaffen das« ist schnell ausgesprochen. Aber Vielfalt belebt nicht nur, sondern strengt auf Dauer auch an.

Manchmal prallen Welten aufeinander, die nicht miteinander kompatibel sind. Wird das nicht rechtzeitig bedacht, können auf lange Sicht Gettos entstehen, wie besonders in Frankreich mit seinen Banlieues, den Vororten der großen Städte, zu beobachten ist. In ihnen sondert man sich von der Mehrheitsgesellschaft ab und nimmt das Recht in die eigenen Hände. Es bilden sich Parallelstrukturen, in denen man unter sich bleibt und – schlicht gesprochen – auf Polizei und Staat pfeift. Leider sind sie bereits heute in mehreren deutschen Großstädten vorhanden – Tendenz steigend.

Mittlerweile ist die Euphorie verflogen. Angesichts der kulturellen Differenz stellt Integration eine herausfordernde Aufgabe dar, die von beiden Seiten gewollt und gestemmt werden muss.

Dazu noch ein biblischer Aspekt: Jesus weist uns zwar an, andere Menschen zu lieben und sie nach Kräften zu unterstützen; speziell solche in akuter Not sind sind auf Hilfsbereitschaft angewiesen, der sich Christen nicht entziehen dürfen – siehe das Gleichnis vom barmherzigen Samariter (Lukas 10,25–37). Jesus rät aber auch, vorher die Kosten zu überschlagen, damit das gut gemeinte Unternehmen nicht Schiffbruch erleidet (Lukas 14,28–30). Herz und Verstand sind gefragt, wenn wir uns an Jesus orientieren. Beides gehört zusammen. Wer nur sein Herz sprechen lässt, überfordert sich leicht, denn die Länge trägt die Last, es können Probleme auftreten, die man vorher nicht einkalkuliert hat. Wer dagegen nur seinen Verstand gebraucht, wird möglicherweise vor der Schwere der Aufgabe zurückschrecken und gar nicht erst anfangen zu helfen.

Der Zustrom ausländischer Personen ist nicht nur eine Bereicherung unserer Gesellschaft, sondern stellt auch eine mühselige Gestaltungsaufgabe dar – für beide Seiten. Wer in Deutschland dauerhaft bleiben will, muss sich in die hiesige Gesellschaft integrieren. Die Journalistin Birgit Kelle stellt unmissverständlich fest: »Integration ist eine Bringschuld, die ich von jedem erwarte, der in unserem Land heimisch werden will. Und sie muss mit harten Konsequenzen bestraft werden, falls sie ausbleibt.«[104]

Vernachlässigte Integration ...

In Sachen Integration ist in den vergangenen Jahrzehnten von den politisch Verantwortlichen viel versäumt worden. Da man anfangs davon ausging, die Gastarbeiter würden bald in ihre Heimatländer zurückkehren, hielt man Integrationsmaßnahmen für überflüssig. Einige Politiker der Grünen sprachen gar von »Zwangsgermanisierung«, der man die Gastarbeiter keineswegs aussetzen wollte.[105] Das Wort »Leitkultur« wurde zum Unwort derer, die eine Anpassung der Neubürger an die hiesigen Verhältnisse für überflüssig, ja für schädlich hielten, weil das Neue, das sie mitbrachten, ausschließlich als Bereicherung hiesiger Kultur angesehen wurde.

Dabei funktionierte Integration in früheren Jahren noch relativ gut, fast »von allein«. Wer als Neuankömmling in unserem Land zurechtkommen wollte, vor allem in der Arbeitswelt, musste sich einfügen und vor allem sprachlich anpassen. Ihre Kinder lernten schnell Deutsch, weil in Kindergarten, Schule und Nachbarschaft die einheimische Bevölkerung noch in der großen Mehrheit war.

Das änderte sich jedoch nach und nach. Es war nicht zuletzt das Fernsehen, das die Integration zunehmend erschwerte, ja teilweise überflüssig machte. Konnten anfangs nur deutsche Sender empfangen werden, so erweiterte sich nach und nach das Angebot. Ausländische Sender kamen hinzu, sodass man sich in der eigenen Muttersprache informieren und berieseln lassen konnte. Deutsch zu lernen war nicht mehr so wichtig.

Außerdem erweiterte sich die eigene „Community", vor allem die türkische und seit den 1990er-Jahren auch die russische. Was lag näher, als sich auch räumlich aneinander zu orientieren und zusammenzuziehen? So entstanden Siedlungen, in denen bis heute vorwiegend Personen mit ausländischen Wurzeln zu Hause sind. Entsprechende Geschäfte usw. kamen hinzu, eine regelrechte Infrastruktur entstand. Kurz gesagt: Man konnte mehr oder weniger unter sich bleiben. Integration rückte mehr und mehr in den Hintergrund. Auch das Erlernen der deutschen Sprache wurde immer weniger erforderlich. Für Behördengänge gab es Übersetzer, die den sprachlichen Kontakt ermöglichten.

Das hat dazu geführt, dass es Migranten gibt, die seit Jahrzehnten in Deutschland leben, aber des Deutschen nicht mächtig sind. Der schon zitierte Ahmad Mansour beschreibt die Situation treffend: »Sie sind zwar körperlich hier, aber mental in ihren Heimatländern geblieben. Sie hängen ständig am Telefon und verfolgen nur die Nachrichten aus ihrer Heimat.«[106]

Hier ist Integration stecken geblieben, ja regelrecht auf der Strecke geblieben – auch begünstigt durch eine Haltung auf deutscher Seite, derzufolge ein Anpassen nicht zugemutet werden dürfe und auch nicht nötig sei.

... und die traurigen Folgen

Die Feministin Alice Schwarzer urteilt im Blick auf die Kölner Ereignisse in der Silvesternacht 2015/16, wo junge Männer, vorwiegend aus Nordafrika, gegenüber Frauen sexuell übergriffig wurden: »Diese jungen Männer sind das triste Produkt einer gescheiterten, ja nie auch nur wirklich angestrebten Integration! Sie sind das Produkt einer falschen Toleranz, in der fast alle – Menschen, Medien, Kirchen und Politik – unsere Demokratie, unseren Rechtsstaat, unsere Gleichberechtigung infrage stellen, ja mit Füßen haben treten lassen, zugunsten ›anderer Sitten‹ bzw. einer ominösen ›Religionsfreiheit‹ – in deren Namen man Parallelwelten entstehen ließ.«[107]

Kürzlich zeichnete der Berliner »Tagesspiegel« ein düsteres Bild der Lage: »Dieses Land ist nicht in der Lage, einige hunderttausend seit 20, 30 Jahren hier lebende Muslime zu integrieren. Nun soll das bei einer Million neuer Muslime klappen?«[108] Muslime, so der Artikel weiter, sprächen schlechter Deutsch als andere Einwanderer. Sie seien bei »Hochschulabschlüssen […] hinten, bei Gewaltdelikten vorn«. Aber das »zentrale Problem sind nicht die Terroristen, von denen es ohnehin vergleichsweise wenige gibt, sondern die übliche Menschenverachtung und der Ideologieexport der muslimischen Regime […]. Warum sollte ein ungebildeter arabischer Patriarch nach dem Kanzlerin-Machtwort aufhören, Kurden, Schwule, Juden zu hassen?«

»Für immer fremd«, lautet das traurige Fazit einer Studie des »Berlin-Instituts für Bevölkerung und Entwicklung«.[109] In ihr ist die jeweilige Integrationsleistung untersucht worden, differenziert nach der Herkunft der Migranten – aus der EU, aus dem Fernen und Nahen Osten, Aussiedler, Südeuropäer usw. – und aufgeschlüsselt nach bestimmten Bereichen: Assimilation, Erwerbsleben, Bildung, Absicherung und Dynamik. In den meisten Bereichen, vor allem aber in der Endbewertung, bilden die Türken das Schlusslicht. Sie sind die mit Abstand am schlechtesten integrierte Migrantengruppe.

Der türkische Staat sorgt dafür, dass das so bleibt. Er entsendet nach Deutschland Imame, die der deutschen Sprache nicht mächtig sind und die es auch nicht für erforderlich halten, diese zu lernen. Der Bundestagsabgeordnete und parlamentarische Staatssekretär Jens Spahn (CDU) berichtete in der ARD-Sendung »Hart aber fair«, dass er sich in seinem Wahlkreis mit keinem der Imame auf Deutsch unterhalten könne.[110]

Vor allem der türkische Präsident Recep Tayyip Erdogan sorgt mit seinen gelegentlichen – polarisierenden – Auftritten in Deutschland dafür, dass sich die hiesigen türkischstämmigen Einwohner vor allem als Türken fühlen und sich entsprechend verhalten. Es entsteht eine Art Gegengesellschaft. »Auf keinen Fall deutsch werden«, lautet seine Botschaft, die leider auf fruchtbaren Boden fällt. Mit dem türkischen Einfluss werden selbstverständlich auch die innertürkischen Konflikte nach Deutschland getragen und zunehmend auch ausgetragen, vor allem die Auseinandersetzung mit den Kurden, die in der Türkei nach größerer Eigenständigkeit streben bzw. einen eigenen Staat errichten wollen.

Wie wirkungsvoll der lange Arm der Türkei nach Deutschland reicht, hat sich auch bei dem gescheiterten Putschversuch des Militärs im Juli 2016 gezeigt, der im

Keim erstickt wurde. Sofort waren in Berlin und in anderen größeren Städten Tausende Erdogan-Getreue – mit und ohne deutschen Pass – auf der Straße, um lautstark ihre Sympathie mit dem türkischen Staatspräsidenten zu bekunden und teilweise gewalttätig gegen Oppositionelle vorzugehen.

Dass der Putschversuch – ähnlich wie 1933 von Hitler der Reichstagsbrand – von Erdogan genutzt wurde, um umfangreiche Säuberungen in Militär, Justiz und Verwaltung sowie im Bildungswesen und in den Medien durchzuführen, zeigt die fragile Struktur der türkischen Demokratie. Um die eigene Macht zu sichern und zu stärken, wurden im Handumdrehen rechtsstaatliche Prinzipien ausgehöhlt oder außer Kraft gesetzt. Selbst bei uns in Deutschland versucht der türkische Staat, gegen tatsächliche oder vermeintliche Anhänger der sogenannten Gülen- bzw. Hizmet-Bewegung vorzugehen, die hinter dem Putschversuch vermutet wird.

Es führt kein Weg an der Feststellung vorbei, dass viele der unter uns lebenden Muslime bislang innerlich längst nicht angekommen sind – und das offensichtlich auch nicht vorhaben. Die entsprechende Studie des Bundesministeriums des Innern belegt dies: »Hinsichtlich ihres Verhältnisses zum Aufnahmeland Deutschland definieren sich über die Hälfte als stärker mit ihrem Heimatland verbunden als mit Deutschland. Etwa ein Drittel fühlt sich sowohl Deutschland als auch dem Herkunftsland verbunden und nur eine Minderheit von 12,2 % definiert sich selbst als eher Deutsche.«[111] Integration(sbereitschaft) sieht anders aus!

Der renommierte Politikwissenschaftler Wolfgang Merkel, der der Grundwertekommission der SPD angehört, zieht ein ernüchterndes Fazit: »Es gibt keine Gesellschaft in Europa, in der die Integration muslimisch gläubiger Bürger oder Zuwanderer wirklich gelungen wäre. Noch schwieriger wird es, wenn man sich Einwanderer aus arabischen Ländern ansieht. Bei ihnen ist die Bereitschaft zur Integration in die Mehrheitsgesellschaft noch weniger ausgeprägt als bei den übrigen Muslimen.«[112]

Es besteht die Gefahr, die Bassam Tibi aus eigener Erfahrung beschreibt:[113] Infolge der Flüchtlingskrise »verändert sich Deutschland immens. Das sehen Sie schon an Göttingen: Die Stadt war früher sehr studentisch, 20 Prozent waren Ausländer, eine verträumte, idyllische Stadt. Heute sieht sie aus wie ein Flüchtlingslager. Da laufen die Gangs, ob afghanisch oder eritreisch, durch die Straßen, und man bekommt es mit der Angst.« Bassam Tibi geht davon aus, dass vielleicht 5 bis 10 Prozent der Muslime in Deutschland »europäisch« leben. Der Rest bleibt fremd und verhält sich oft auch so. Es bilden sich Enklaven, die neben der Mehrheitsgesellschaft ein Eigenleben führen.

Das führt natürlich dazu, dass die Reaktionen seitens der deutschen Bevölkerung entsprechend distanziert ausfallen. Was bisher Integration genannt wurde, reicht bei Weitem nicht aus. Bassam Tibi kritisiert, dass die hier lebenden Muslime zwar räumlich angekommen sind in Deutschland, aber nicht kulturell. Sie identifizieren sich nicht mit ihrer neuen Heimat – anders als etwa in den USA, wo die meisten Migranten stolz darauf sind, nun Amerikaner zu sein, zu dieser Nation zu gehören, deren Hymne sie mit Inbrunst singen. Der Grund für diese innere Distanz, so Tibi: »Ein Muslim darf zwar vorübergehend in einer nichtislamischen Gesellschaft

leben. Aber er darf sich nicht fügen. So sind viele erzogen.«
Und diese Erziehung wurzelt in der islamischen Religion. Ihre
Folgen spüren wir in Deutschland immer deutlicher.

11. Die Mammutaufgabe

Der Politiker Wolfgang Thierse mahnt »zu begreifen, dass Integration eine doppelte Aufgabe ist: Die zu uns Gekommenen sollen, sofern sie hier bleiben wollen, heimisch werden im fremden Land – und den Einheimischen soll das eigene Land nicht fremd werden.«[114] Damit ist die Aufgabenstellung umrissen, die Deutschland zu bewältigen hat. Eine Mammutaufgabe!

Dabei hilft der oft gezogene Vergleich mit der Zeit nach dem Zweiten Weltkrieg nicht weiter. Die aus den ehemaligen Ostgebieten und aus anderen Teilen Osteuropas Vertriebenen, die in Restdeutschland eine neue Heimat finden mussten, waren schließlich deutscher Nationalität und hatten die gleiche Sprache, Kultur und Religion wie die einheimische Bevölkerung. Sicherlich gab es kleinere kulturelle Differenzen und vor allem Misshelligkeiten wegen der anfangs schwierigen Wohnungs- und Arbeitssituation. Außerdem waren die meisten von der Situation völlig überrascht worden, da die Jubelmeldungen des Dritten Reiches eine solche erzwungene Völkerwanderung nicht vorsah.

Positiv sei vermerkt, dass in der Folge eine befruchtende Annäherung zwischen evangelischer und katholischer Bevölkerung stattgefunden hat. Waren vorher manche Dörfer bislang lediglich in katholischer bzw. protestantischer Hand, so änderte sich das nun. Nach anfänglichen Irritationen und Kontroversen hat sich die Lage mittlerweile längst entspannt, heute ist ein gutes Miteinander selbstverständlich.

Heimisch werden im fremden Land

Wer unser Land betritt und berechtigt ist, sich hier dauerhaft aufzuhalten, soll in Deutschland ein Zuhause finden. Unser Land soll ihm zur neuen Heimat werden. Dazu ist mehr vonnöten als guter Wille, so wichtig der auf allen Seiten ist. Auch mit bloßer Information, etwa mit dem Verteilen von Handzetteln an Flüchtlinge, in denen unsere Verfassung erläutert und die in unserer Gesellschaft und Kultur üblichen Verhaltensweisen und -regeln beschrieben werden, ist es nicht getan. Ihre herkömmliche Denkweise und Kultur können die Migranten nicht so ohne Weiteres ablegen.

Vielmehr müssen Demokratie und ein ihr entsprechendes Verhalten gelehrt, gelernt, ja geradezu eingeübt werden – ein langwieriger und tief gehender Prozess, der nicht nur die intellektuelle Bejahung umfasst, sondern gleichsam in Fleisch und Blut übergehen muss. Die Dazugekommenen benötigen dabei die verständnisvolle Hilfe derer, die im Lande zu Hause sind. Das Heimischwerden setzt die Bereitschaft voraus, sich auf die neue Heimat einzulassen, sich in ihr einzufügen und sie nach dem Maß der eigenen Möglichkeiten mitzugestalten.

Es gibt im Übrigen ganz unterschiedliche, ja gegensätzliche Möglichkeiten, wie sich das Miteinander von einheimischer Bevölkerung und Migranten gestalten kann:

Segregation (Absonderung)

Darunter wird eine lediglich körperliche Anwesenheit der Fremden verstanden, die jedoch das eigene Wertesystem und die eigene Kultur strikt beibehalten wollen. Das neue Land wird lediglich zum Standort, an dem man seine herkömmliche Denk- und Lebensweise unter anderen äußeren Bedingungen fortsetzt. Man spricht vom »Säulenmodell«: Eine Säule steht unverbunden neben der anderen. Jede Kultur – auch die einheimische – bleibt, wie sie ist. Ein bloßes Nebeneinander genügt. Solidarität, die über die eigene Gruppierung hinausgreift, kommt logischerweise nicht vor und wird auch nicht eingefordert. Man bleibt in seiner eigenen Welt. Hier bildet sich keine gemeinsame Gesellschaft.

Leider zielen manche Aktivitäten des türkischen Staates darauf, die Segregation in Deutschland voranzutreiben. Wenn betont wird, dass die in unserem Land wohnenden Türken vor allem Türken seien und ihr Türkentum bewahren sollten, dann zielt das in Richtung einer bloß äußerlichen Einfügung. Man lebt in einem fremden Land, genießt dessen Vorzüge, bleibt aber bewusst fremd. Dieses Fremdsein wird nicht als Nachteil verstanden, der im Laufe der Zeit kleiner werden und schließlich verschwinden sollte, sondern wird gezielt kultiviert und von außen, nämlich vom türkischen Staat, immer wieder eingefordert und gefördert, nicht zuletzt durch die Entsendung von Imamen aus der Türkei, die vor allem in der DITIB tätig sind, dem größten deutschen Islamverband, einer staatlichen Auslandsorganisation der Türkei. Diese Imame werden vom türkischen Staat bezahlt und halten sich meist nur für eine begrenzte Zeit in Deutschland auf. Dass sie vor allem türkische Interessen bedienen, versteht sich von selbst. Sie werden alles andere anvisieren als eine offene, multikulturelle Gesellschaft. Ihre Integration ist weder beabsichtigt noch zu erwarten.

Ein Lehrer erzählte mir: »In der Schule erlebe ich fast täglich, wie ein erheblicher Teil der Muslime die Integration verweigert. Besonders schlimm ist es in Städten mit DITIB-

Moscheen wie bei uns in [...]. Es gibt auch erhebliche Disziplinprobleme mit diesen muslimischen Schülern. Besonders schlimm sind die Unterrichtsstörungen im islamischen Religionsunterricht, weil dort die geballte Ladung von DITIB-Gängern in einer Lerngruppe sitzt. Einige Türken von unserer Schule waren in den Sommerferien in Istanbul und haben begeistert für Erdogan demonstriert. Die gehen hier am Ort zu DITIB. Irgendwoher muss die Gehirnwäsche für Erdogan und Integrationsverweigerung ja kommen. Inzwischen trauen sich viele Kollegen, diese Probleme nicht mehr nur hinter vorgehaltener Hand anzusprechen. Auch weil die vielen lernwilligen Schüler unter den Störungen dieser Klientel massiv leiden und der Ruf der Schule ruiniert wird. Deutsche Eltern fragen bei der Schulwahl nicht nur nach dem Konzept der Schule. Ich habe häufig eine andere für Eltern entscheidende Frage gehört: ›Wie hoch ist der Anteil von Türken und Arabern an Ihrer Schule?‹«

Doch ein unverbundenes Nebeneinander verschiedener Wertesysteme, die jeweils Geltung für sich beanspruchen, kann es in Deutschland nicht geben, weil die Verfassung als verbindendes und verpflichtendes Element alle Personengruppen übergreift. Es kann keinerlei Sonderstatus geben. Das würde unweigerlich zu quasi offiziell akzeptierten Parallelgesellschaften führen, durch die alle nur denkbaren Reibereien zwischen den Kulturen vorprogrammiert sind. Insofern wird hier ein ständiger Kampf geführt. Vielmehr sind Mitgestalten und Sicheinbringen Tugenden, die man von den Migranten einfordern muss.

Muslime sehen sich hier gern als Opfer. »Islamophobie« gehört zu den gebräuchlichen Ausdrücken, mit denen jede Kritik am Islam abgewürgt wird, nicht nur von Muslimen selbst, sondern auch von denen, die meinen, sich schützend vor sie stellen zu müssen. Aber Muslime müssen aus ihrer Sonder- und Opferrolle herausfinden und sich selbstkritisch fragen, wo sich ihre Art des Denkens und Verhaltens nicht mit dem Wertesystem und Verhaltenskodex einer freiheitlichen Demokratie verträgt. Sich lediglich als »Säule« zu verstehen und im Kontrast zu anderen zu leben reicht nicht aus, um in einem demokratischen Staat beheimatet zu sein.

Assimilation (Anpassung/Angleichung)
Das andere Extrem liegt im Modell der Assimilation vor. Hier geht die fremde Kultur völlig in der einheimischen auf. Auch die Religion wird dabei als bedeutungslos betrachtet. Von den Migranten wird erwartet, dass sie ihre Eigenart aufgeben und die Lebensart der Einheimischen annehmen, sodass sie am Ende nicht mehr von ihnen unterscheidbar sind.

Hier wird von den Dazukommenden gleichsam eine kulturelle Selbstaufgabe erwartet. Das stellt jedoch, besonders in religiöser Hinsicht, eine Illusion dar. Deshalb kann die kulturelle Assimilation nicht das Ziel einer dosierten Willkommenskultur sein. Allerdings ist eine Assimilation da geboten, wo es um die Akzeptanz der Werteordnung unseres Grundgesetzes geht. Hier sind keinerlei Abstriche und Kompromisse möglich.

Jenseits der beiden genannten Extreme, die in ihrem Rigorismus und ihrer Schlichtheit auf ein Alles oder Nichts hinauslaufen, steht das Modell der Integration. Es ist anstrengender, aber letztlich viel lohnender:

Integration (Herstellung einer Einheit durch Eingliederung)
Integration bedeutet, dass sich Migranten in die Mehrheitsgesellschaft einfügen und deren Wertekanon für sich übernehmen. Sie haben teil an der politischen und zivilen Kultur des Aufnahmelandes, bewahren aber ihre religiösen und teilweise auch kulturellen Eigenarten, solange diese nicht mit denen der Einheimischen kollidieren oder gar im Widerspruch zu den vorgegebenen Werten stehen. Praktisch gesprochen: Viele Deutsche essen längst genussvoll einen Döner, und Muslime erfreuen sich, wenn sie es mit ihrer Religion nicht allzu streng nehmen, an einer Thüringer Bratwurst.

Beim Integrationsprozess entsteht ein gesellschaftliches Amalgam, dessen Elemente sich wechselseitig durchdringen. Die Dazukommenden nehmen manches von den Einheimischen an, die Einheimischen hingegen entdecken manches Neue und Anziehende in der zunächst fremden Kultur. Beide Seiten befruchten sich wechselseitig. Sie achten und respektieren einander und wollen gegebenenfalls voneinander lernen. Das wechselseitig Fremde weckt Neugier. Die ehemalige Bundesministerin Kristina Schröder (CDU) ist überzeugt: »Wenn Menschen sich in eine Gruppe integrieren, verändert sich auch die Gruppe, es entsteht etwas Neues. Der gesamte Bereich unserer Wirtschaft, unserer Unternehmen und Arbeitswelt, auch unseres täglichen Zusammenlebens wird ein anderer, wenn Hunderttausende zuwandern. Im Bereich unserer Grundwerte hingegen, bei den fundamentalen Prinzipien unsers Gemeinwesens, wollen wir nichts Neues. Hier verlangen wir schlicht Anpassung, Assimilation.«[115]

Grundbedingung für das Gelingen von Integration ist die

Bereitschaft beider Seiten, aufeinander zuzugehen, sich gegenseitig kennenlernen zu wollen, sich zu akzeptieren und voneinander zu lernen. Gewollte und gelingende Beziehungen auf allen nur möglichen Ebenen sind die Voraussetzungen für erfolgreiche Integration. Abschottung auf beiden Seiten verhindert sie. Ob es Beziehungen von Haus zu Haus, von Familie zu Familie, Kontakte am Arbeitsplatz usw. sind – sie bilden das Fundament echter Integration.

Dass es dabei auch zu Spannungen und Unverträglichkeiten kommen kann, liegt auf der Hand. Ein gewichtiger Störfaktor sind dabei die oft dauerhaft mangelnden Sprachkenntnisse der Migranten. Die Studie des Bundesministeriums des Innern hat ermittelt: »Enorm hoch ist mit ca. 40 % die Quote derer, die im Freundeskreis nie oder nur sehr selten deutsch sprechen, was auf die doch relativ geringen sozialen Interaktionen zwischen einem großen Teil der muslimischen Zuwanderer und der einheimischen Bevölkerung verweist.«[116] In dem Maße, wie sich Muslime in ihren Vereinen und Organisationen engagieren, kommt es zu einem »Rückzug von der deutschen Gesellschaft«. Fazit: »In der Summe lässt sich somit für die Bevölkerung der Muslime ein erhebliches Defizit der praktischen sprachlichen und sozialen Integration in die deutsche Aufnahmegesellschaft konstatieren […].«

Integration setzt auch die Bereitschaft voraus, Kompromisse zu schließen, ohne dass man dabei das Gesicht verlieren muss. Aber es kann keine dauerhafte Integration geben ohne ein gewisses Maß an Anpassung. Integration darf keine Angelegenheit sein, die im Belieben des Migranten liegt, sondern Verpflichtung, ohne die es keinen dauerhaften Aufenthalt in Deutschland geben kann. Zugespitzt formuliert:

Jeder hat natürlich das Recht, ein Leben wie zur Zeit Mohammeds zu führen. Aber das kann er vielleicht in Anatolien tun, nicht jedoch in Berlin oder Hannover.

Heinz Buschkowsky, der ehemalige Bürgermeister von Berlin-Neukölln, würde integrationsunwilligen Migranten deutlich sagen: »Wir leben hier so, du bist zu uns gekommen, dann schau dir an, wie das hier funktioniert, und übernimm das bitte. Integration heißt aufgehen, zu uns zu gehören, und Integration heißt nicht, nun bilde mal deine kleine eigene Exklave und mache dein Ding wie zuhause weiter. Das geht nicht, das ist keine Integration! Man kann nicht Wohlstand vom Westen haben wollen, aber weiter hinter dem Mond leben, mit den Menschenrechten, mit der Gleichheit jeder Lebensform und auch jeder Lebensorientierung. Denken Sie mal nur an die homosexuelle Debatte mit Islam-Kreisen. Das ist mit unserer Weltsicht nicht zu vereinbaren. Die westliche Demokratie hat andere Werte herausgebildet, als sie im Bergdorf von Afghanistan heute noch gepflegt wird.«[117]

Gemachte Erfahrungen

Deutschland, das in der Mitte Europas liegt, hat seit jeher Migranten erlebt. Vor einigen Hundert Jahren siedelten sich beispielsweise Hussiten und Hugenotten in Deutschland an. Sie waren aus ihren Heimatländern Böhmen und Frankreich wegen ihres evangelischen Glaubens vertrieben worden. In Deutschland fanden sie eine neue Heimat. Sie brachten sich in die Gesellschaft ein und befruchteten diese u. a. durch ihre handwerkliche Geschicklichkeit und ihr architektonisches Können, aber auch durch ihren evangelisch-reformierten Glauben. Das führte beispielsweise in Berlin zu Konflikten, die aber bald überwunden wurden und heute längst keine Rolle mehr spielen.

Ab dem späten 19. Jahrhundert waren es die sogenannten »Ruhrpolen«, die im Steinkohlenbergbau arbeiteten. Viele sind in Deutschland heimisch geworden.

Ebenso hat es sich mit den Spätaussiedlern aus der Sowjetunion verhalten, die im Rahmen erweiterter Möglichkeiten die Chance nutzten, in das Land ihrer Vorfahren zurückzukehren. Hier hat vor allem der familiäre Zusammenhalt unter den Russlanddeutschen dafür gesorgt, dass sie bald in Deutschland heimisch wurden.

Für Deutschland war es also kein Problem, Zuwanderer aus anderen Ländern zu integrieren. Auch die ab den 1950er-Jahren als Gastarbeiter angeheuerten Südeuropäer – Spanier, Italiener und Griechen – haben sich fugenlos in die deutsche Gesellschaft einfügt und in ihr positive Spuren hinterlassen, u. a. durch anerkannte gastronomische Aktivitäten. Vergleichbares gilt für Personen aus dem fernöstlichen Raum, vor allem aus Vietnam. Alle diese Gruppen pflegen in gewissem Umfang ihre eigene Kultur, sind aber in der deutschen Gesellschaft angekommen. Sie wird von ihnen akzeptiert. Ihre Freiheiten werden genutzt und mit Leben gefüllt. Speziell an den Kindern zeigt sich, dass diese Einwanderer sehr bildungsbestrebt sind und das Beste aus ihren Möglichkeiten machen wollen. Sie ergreifen die Chancen, die unser Land bietet. Das trifft in gleicher Weise auf polnische Bürger zu, die seit der europäischen Wende 1989/90 ihre Reise- und Tätigkeitsmöglichkeiten nutzen.

Was in zahlreichen Beiträgen zum Thema Migration übersehen wird, ist der mentalitätsprägende Faktor der Religion. Die genannten Einreisenden waren zumeist entweder katholisch, evangelisch oder orthodox. Kirchen, Glockengeläut und festliche Gottesdienste waren sie alle von zu Hause gewohnt. Russlanddeutsche freuen sich darüber, in Deutschland endlich wieder ihren Glauben leben zu dürfen, was ihnen zur Sowjetzeit verwehrt war. Die den Einheimischen wie Dazugekommenen gemeinsame christliche Religion erwies sich als verbindendes Element, das die Integration erleichterte.

Leider verhalten sich Muslime hier ausgesprochen sperrig. Die integrationsunwillige Haltung vieler bei uns lebender Türken – ob mit oder ohne deutschen Pass – ist oben bereits mehrfach angesprochen worden. Aber auch Muslime anderer Herkunft und Nationalität erweisen sich in dieser Hinsicht vielfach als problematisch.

Integrationsverweigerer müssen den Druck der Mehrheitsgesellschaft und ihrer Regeln spüren. Wer als Muslim seine Tochter nicht zum Schwimmunterricht gehen lässt oder sie zwangsverheiratet, muss mit Sanktionen belegt werden, beispielsweise mit dem – zumindest teilweisen – Entzug des Sorgerechts. Integration darf nicht nach Belieben und selektiv gehandhabt werden. Sonst entstehen Enklaven, in denen sich – im wahren Sinne des Wortes – Sprengstoff sammeln kann.

Heimisch bleiben im eigenen Land

Integration darf nicht dazu führen, dass sich die Mehrheitsgesellschaft um des lieben Friedens willen gleichsam partiell aufgibt, ihre Werte vernachlässigt oder gar zur Disposition stellt. Den Einheimischen darf »das eigene Land nicht fremd« werden. Das geschieht vor allem dort, wo die eigene Kultur und deren religiöser Hintergrund leisetreterisch verleugnet werden.

Erhellend ist in diesem Zusammenhang, was der Muslim Navid Kermani, dessen Buch »Ungläubiges Staunen«[118] lange auf den Bestsellerlisten stand, über eigene Erfahrungen schreibt: »Gelernt habe ich allerdings auch, dass Integration dort gelingt, wo die heimische – also auf der Schule meiner Tochter: katholische und kölsche – Kultur nicht schamhaft in den Hintergrund gerückt, sondern gepflegt und selbstbewusst vertreten wird. Aus Furcht vor den Reaktionen muslimischer Eltern nicht mehr Advent zu feiern, wie das in manchen Kindergärten und Schulen geschieht, ist mit Sicherheit das falsche Signal. Es geht nicht darum, sich selbst zu verleugnen, sondern den anderen zu achten. Wer sich selbst nicht respektiert, kann keinen Respekt erwarten.«[119]

Diese Worte gehören auf guten Boden. Denn die Tendenz, angeblich Anstößiges zurückzuziehen, ist auf allen Ebenen unverkennbar. Der Weihnachtsmarkt wird zum Wintermarkt. Ostern wird zum Frühlingsfest. Nicht nur im Kindergarten, sondern auch in Schulen und anderen Einrichtungen werden die religiösen Gefühle der Muslime zum Taktgeber des Verhaltens Einheimischer. Um bei ihnen nicht anzuecken, wird die eigene Position relativiert. Sie verschwimmt. Man steht nicht mehr zu ihr. Sie wird nicht öffentlich und offensiv vertreten, sondern leisetreterisch und verschämt zurückgehalten.

Das löst indessen bei gläubigen Muslimen keineswegs Respekt aus, sondern nährt deren Überzeugung, dass den Deutschen, auch den Christen unter ihnen, das Eigene nicht viel wert sei; also sei es auch nichts Attraktives.

Doch die christliche Kultur will offensiv und öffentlich vertreten werden. Sich ihrer zu schämen, dafür gibt es keinerlei Anlass. Gerade in der Begegnung mit Andersgläubigen soll das Profil der eigenen Überzeugung deutlich hervortreten. Nur wer seine eigene Meinung pointiert vertritt, wird ernst genommen.

Vor allem in kirchlichen Einrichtungen muss eine entsprechende Identität gepflegt werden. Wenn es die Kirchen nicht tun, wer sonst?! In ihren Kindergärten, Schulen, Krankenhäusern muss erkennbar werden, wofür man inhaltlich steht und was zum Handeln motiviert. Nicht nur christliche Feste sollen würdig begangen werden, sondern auch das Ambiente der Räume soll erkennen lassen, welcher Geist in ihnen weht. Auch muslimische Personen sollen mitbekommen, was uns heilig ist und welche Feste wir feiern.

Dass dabei auch Kompromisse eingegangen werden und auf muslimische Bedürfnisse angemessen Rücksicht genommen wird, sollte selbstverständlich sein. Wir wollen Menschen gewinnen und nicht abstoßen. Deshalb wird man neben Schweinefleisch, das für Muslime »halal«, also unrein ist, auch andere Fleischsorten anbieten. Aber man schießt über das Ziel hinaus, wenn man meint, aus Rücksichtnahme nun generell auf Schweinefleisch und entsprechende Wurstsorten verzichten zu müssen.

Manche wollen durch Verleugnung des christlichen Hintergrundes unserer Kultur besonders modern sein. Säkularismus und Humanismus stehen hoch im Kurs. Doch dahinter steckt ein hohes Maß an Unsicherheit oder Unwissenheit über die religiösen Wurzeln unserer eigenen Kultur, die daher auch oft nicht wertgeschätzt werden. Das auch deshalb, weil man das Vorhandene als selbstverständlich betrachtet, ohne zu bedenken, dass es immer wieder aus christlichem Geist gespeist werden muss, soll es nicht versickern.

Es seien vor allem Religionen, so meinen viele, die die Gewaltbereitschaft schüren. Würden sie abgeschafft, käme es zu einer friedlichen Modernität. Dass die Gräueltaten mit Abermillionen von Toten mit den Namen Lenin, Stalin, Hitler und Pol Pot verknüpft sind, die wahrlich kein religiöses Leben geführt, sondern den christlichen Glauben bekämpft haben, ist offensichtlich vergessen oder wird verdrängt. Gegenüber dieser immensen Blutspur nehmen sich die Opferzahlen der Kreuzzüge und der Inquisition, die wahrlich eine Schande für die Christenheit waren, fast bescheiden aus.

Ich persönlich empfinde es als Glück, in einem Land wie dem unseren leben zu dürfen, das vom christlichen Glauben geprägt ist. Hier sind Dank und ein gesundes Selbstwertgefühl angesagt, jedoch keine Überheblichkeit. Unsere Werte des Zusammenlebens sind ein hohes Gut. Sie gilt es zu pflegen und gegen alle ihre Feinde zu verteidigen. Aus solchem Bewusstsein erwächst auch eine gesunde, legitime Erwartungshaltung gegenüber denen, die aus anderen Ländern zu uns kommen und bei uns heimisch werden wollen.

Zu unserem Land gehört auch das Kreuz in seiner vielfältigen Ausgestaltung. Es erinnert an Jesus Christus, der dort sein Leben für alle Menschen in der Welt hingegeben hat. Das Kreuz ist zum Symbol des christlichen Glaubens geworden. Es steht für Liebe und Gewaltlosigkeit. Kreuze aus Klassenzimmern, Gerichtssälen und anderen Räumen abzumontieren, wie es vielfach gefordert und praktiziert wird, zeugt nicht nur von Respektlosigkeit gegenüber Christen, sondern auch von Ahnungslosigkeit, was unsere Gesellschaft der Botschaft vom Kreuz alles verdankt. Wer im Namen der Religionsfreiheit Kreuze demontiert, entledigt sich paradoxerweise des Zeichens, in dem diese Freiheit wurzelt.

Wer das Kreuz nicht sehen mag, bekundet damit, dass er nicht wirklich bei uns angekommen ist. Hier ungehemmt seine fremde Kultur leben zu wollen, unsere Kultur und unseren Lebensstil zu verachten und womöglich noch vom deutschen Staat finanziert zu werden – das geht nicht. Volkmar Klein aus Siegen, Mitglied des Deutschen Bundestages, urteilt ähnlich: »Viele, die auf der Flucht vor Gewalt und Bürgerkrieg zu uns gekommen sind, wollen und müssen nach dem Ende der Gewalt wieder in ihre Heimat zurück. Andere werden aber auch dauerhaft hier leben. Deren Integration müssen wir mit großem Engagement fördern. Aber gleichzeitig müssen wir auch verlangen, dass die zu uns Gekommenen sich auch selbst integrieren wollen. Vielfalt ist sicher gut für unser Land, darf aber nicht unsere Grundwerte in Frage stellen. Zuwanderer müssen ohne Einschränkung unsere Vorstellung von Demokratie, Freiheit oder auch Gleichberechtigung der Frau teilen. Wer das nicht will, der darf dauerhaft auch keinen Platz hier in Deutschland finden. Sonst würden wir die Toleranz und die Offenheit unserer Gesellschaft zur Disposition stellen. Das darf aber nicht sein.«[120]

12. Schritte der Integration

Die entscheidende Hilfe in der Flüchtlingssituation muss außerhalb Deutschlands geschehen, und zwar in den Heimatländern der Migranten. Dort sind zunächst Schlepper zugange, die mit vollmundigen Versprechen vom Wohlleben in Deutschland schwärmen und Flüchtlinge gegen gutes Geld in ihre seeuntüchtigen Boote locken. Aber vor allem sind es Diktatoren, die sich selbst bereichern und ihre Länder im Sumpf von Korruption und Armut ersticken lassen. Hier muss das Engagement und Gegensteuern der Weltgemeinschaft ansetzen, sonst werden sich die Flüchtlingsströme noch verstärken. Dass Despoten durch Entwicklungshilfe unterstützt werden, sollte der Vergangenheit angehören. Hier sind bisher unzählige Milliarden versickert bzw. auf Schweizer und anderen Konten gelandet. Wo das Geld hinsollte, ist es nur selten angekommen.

Außerdem sollte die Weltgemeinschaft in Gestalt des UN-Flüchtlingshilfswerks darauf abzielen, Flüchtende möglichst heimatnah unterzubringen, sodass eine Rückkehr leichter möglich wird. Denn die Migranten sind meist die Gebildeten und Durchsetzungsstarken ihrer jeweiligen Länder. Sie werden für den Wiederaufbau ihrer Heimat dringend gebraucht. Auch ihre Familien sind auf sie angewiesen.

Kommen Flüchtlinge nach Deutschland, so verlangen wir von ihnen, dass sie sich in die hiesige Kultur- und Wertegemeinschaft einfügen. Integration hat verpflichtenden Charakter.

An erster Stelle steht das *Erlernen der deutschen Sprache*.

Dafür müssen vor Ort entsprechende Kurse eingerichtet und Lehrpersonal rekrutiert werden. Ein Staat, der an dieser Stelle spart, schneidet sich ins eigene Fleisch und fördert letztlich Gettoisierung und das Entstehen von Parallelgesellschaften. Das Erlernen der Sprache ist zu wichtig, als dass man es dem Belieben der Migranten überlassen darf. Wer sich verweigert, muss mit einschneidenden Sanktionen belegt werden.

Ein Schwerpunkt staatlicher Förderung von jungen Migranten muss auf *Schule, Berufsausbildung und/oder Studium* liegen. Auf jeden Fall ist zu vermeiden, dass Migranten ihren Tag betätigungslos verbringen. Bisherige Erfahrungen zeigen, dass das Bildungsniveau der Flüchtenden überschätzt worden ist. Die Wege zu einem geordneten Ausbildungs- und Beschäftigungsverhältnis werden deshalb länger und dornenreicher als erwartet ausfallen. Von einer Entlastung der Rentenkassen, wie sie zum Teil vorhergesagt wurde, kann auf absehbare Zeit keine Rede sein. Langfristig könnte sich der Zuzug allerdings positiv auf die deutsche Wirtschaft auswirken. Gerade die bildungswilligen unter den Migranten können später dem Fachkräftemangel in manchen Bereichen abhelfen. In der Folge kann das Problem der deutschen Alterspyramide abgemildert werden, derzufolge die Zahl der Älteren und Rentenbezieher ständig ansteigt, während die Zahl derer, die für die Rente aufzukommen haben, im gleichen Maße zurückgeht.

Vor allem Flüchtlinge aus Syrien machen hier Hoffnung. Sie kommen aus keinem muslimischen, sondern aus einem religiös gemischten Staat. Bis zum Beginn des Bürgerkriegs haben in Syrien unter dem Diktator Assad die unterschiedlichen Religionen gezwungenermaßen friedlich nebeneinander gelebt: Muslime, Christen, Drusen, Jesiden usw. Die syrischen Flüchtlinge bei uns fallen im Gegensatz zu Migranten vom Balkan oder aus Nordafrika viel weniger durch Straftaten auf, wie BKA-Präsident Holger Münch betont.[121] Viele von ihnen sind gebildet und lernwillig.

Darüber hinaus ist es für Migranten unerlässlich, *Kontakte zu Einheimischen* zu pflegen. Hier kommt Christen und Kirchengemeinden eine besondere Verantwortung zum Brückenbauen zu. An vielen Orten haben sich Gruppen von einheimischen Christen und Migranten zusammengefunden. Letztere sind dabei nicht nur Nehmende, sondern auch Gebende, indem sie vieles aus ihrer eigenen Kultur und ihren Erfahrungen einzubringen haben, auf das es sich zu hören lohnt. Solche Kontakte bauen Vorbehalte auf beiden Seiten ab und lassen Dazugekommene schneller hier heimisch werden.

Besonders die Christen unter den Migranten empfinden die Kontakte zu ihren Schwestern und Brüdern im Glauben als Stärkung. In ihren Ländern waren sie oft religiöse Außenseiter und wurden entsprechend behandelt, bis hin zur offenen Verfolgung. Auch auf der Flucht hatten sie als Christen häufig einen schweren Stand. Und in den Massenunterkünften in Deutschland haben sie mancherorts erleben und ertragen müssen, wie sich die Drangsalierung durch Muslime fortsetzte. Umso mehr empfinden sie es als Erleichterung und Befreiung, ohne Angst mit einheimischen Christen zusammenkommen und Gottesdienst feiern zu dürfen.

Über private Kontakte hinaus sollten Migranten auch die Chance haben, sich in *Parteien, Vereinen und anderen Organisationen* zu engagieren. Besonders der Sport bietet sich als niederschwelliges Betätigungsfeld an, weil er jenseits sprachlicher und intellektueller Fertigkeiten Erfolgserlebnisse generiert und einen gesunden körperlichen Ausgleich schafft.

Mittlerweile haben etliche Bürger mit Migrationshintergrund den Einzug in die Parlamente geschafft, auf lokaler, Landes- und Bundesebene, und bringen sich dort konstruktiv ein. Sie sind Vorbilder für alle, die in unser Land kommen. Man soll nicht nur passiv dazugehören, sondern kann sich nach dem Maße seiner Fähigkeiten in die Gestaltung unserer Gesellschaft einbringen. Erst dann ist Integration gelungen.

Fazit: Vieles lässt am Gelingen von Integration zweifeln. Aber wir tun gut daran, die Hoffnung nicht aufzugeben, sondern dranzubleiben und uns einzusetzen, wo es sinnvoll und Erfolg versprechend ist. Das setzt guten Willen auf beiden Seiten voraus. Eins darf nicht sein – dass wir uns in Deutschland hartherzig gegenüber solchen verhalten, die aus lauter Not und Elend zu uns geflohen sind.

Immerhin, das sei hier eingefügt, war das Christentum von seinen Anfängen an eine »Migrationsreligion«; Migrationsbewegungen halfen bei in seiner Ausbreitung. Jesus selbst war Flüchtlingskind. Der Blick in die Bibel zeigt, dass Auswandern und Einwandern geradezu konstitutive Merkmale des Lebens sind, das unter dem Gott geführt wird, den die Bibel bezeugt. Aus diesen Erfahrungen lässt sich manches lernen, was heute in völlig veränderter Situation allen zugutekommt, die sich in der Flüchtlingsszene engagieren.

Die Orientalistin und Religionspädagogin Heidi Josua, die in der Arabischen Evangelischen Gemeinde Stuttgart sowie in der Sozialbetreuung arabischsprachiger Flüchtlinge arbeitet, hat in einem Vortrag über ihre Erfahrungen gesprochen, wobei sie Praktisch-Konkretes mit grundsätzlichen Überlegungen verbindet: »Auf welche Weise sollen wir mit Flüchtlingen umgehen? Wir fordern und wir fördern. Wichtig ist dabei immer, von dem Ziel zu reden: ›Du bist doch hierhergekommen, weil du nicht mehr im Krieg, sondern im Frieden leben willst, weil du einen Beruf lernen willst, weil du deine Familie versorgen willst.‹ Und alles Handeln dient diesem Ziel, nämlich dass dieses Leben gelingt. Das sage ich den Menschen vom ersten Tag an: ›Ich möchte, dass dein Leben gelingt. Ich möchte, dass du eine Zukunft hast. Und auf dem Weg in diese Zukunft gibt es folgende Schritte: 1, 2, 3, … Die gehen wir jetzt gemeinsam an.‹ Und da gehört das Erlernen der Sprache dazu und ebenso integrative Maßnahmen und die Leitlinien des Grundgesetzes.

Ich vermittle den Leuten Werte und Leitlinien: ›Deutschland ist nicht nur Sozialstaat, sondern wir sind eine Gemeinschaft mit Werten. Hier ist jeder Mensch gleich, Mann und Frau, Kind und Erwachsener. Es gibt für jeden die gleichen Rechte und die gleichen Pflichten. Und auch jede Religion hat die gleichen Rechte, ein Nichtmuslim ist nicht weniger wert als ein Muslim. Das bedeutet: Wer selbst in den Genuss dieser Freiheit kommt, ist dazu verpflichtet, auch anderen diese Freiheit zu gewähren. Du hast Deutschland selbst und frei gewählt – die Freiheit, die Sicherheit und eben auch die Werte. Wer sich diese Werte aber nicht zu eigen machen will, der muss sich überlegen, ob nicht vielleicht ein anderes Land besser zu ihm passt.‹ Ich sage nicht von oben herab: ›Wir sind hier in Deutschland, du musst dich anpassen.‹ Vielmehr eröffne ich immer die Zielperspektive: ›Damit dein Leben gelingt, damit das Zusammenleben in unserer Gesellschaft gelingt, darum gehen wir diesen Weg.‹ Auf diese

Weise lassen sich ganz viele mitnehmen, diesen Weg zu gehen. Nicht alle, das ist klar. Manche wenden sich bewusst ab, fanatisieren sich oder wollen unter sich bleiben. Aber viele gehen diesen Weg mit, den gesellschaftlichen Frieden im Auge. Brücken zu bilden von der einen Kultur zur anderen, heißt natürlich auch: immer dazwischenzustehen und immer beiden Seiten zuzumuten, in die jeweils andere Richtung zu gehen. Das ist mitunter anstrengend und mühsam. […] Die Schlüsselqualifikationen der Flüchtlingsarbeit sind Barmherzigkeit, Liebe, Empathie. So viel barmherzige Nähe wie möglich und zugleich – und das ist sehr wichtig – auch eine gesunde Distanz und konsequente Grenzen. Alles andere wäre eine Kuschelpädagogik, die nicht zum Ziel führt.«[122]

Bitte mehr Ehrlichkeit

Gute Erfahrungen mit dialogbereiten Muslimen sind wertvoll und zu pflegen. Aber sie dürfen nicht zum Gesamturteil verleiten, der gesamte Islam verhielte sich freundlich und gesprächsbereit. Als handelte es sich bei den terroristischen Gewalttaten nur um gelegentliche Ausrutscher! Der Islam ist trotz mancher theologischer Berührungspunkte (Schöpfung, Stammvater Abraham usw.) eine Religion, die dem Christentum diametral entgegengesetzt ist. Die Kernaussagen des Evangeliums werden rundweg abgelehnt. Ob es die Dreieinigkeit Gottes ist oder die Gottessohnschaft Jesu Christi, sein Leiden und Sterben und Auferstehen – diese zentralen Elemente christlicher Lehre stoßen im Islam auf erbitterten Widerstand. Von einem Gott zu reden, der sensibel mitfühlt, der sich Menschen liebevoll zuwendet, der sogar für sie leidet und stirbt, kann von Muslimen nur als Gotteslästerung verstanden werden. Daher wird dem Christentum in islamischen Ländern grundsätzlich mit Ablehnung, ja Feindschaft begegnet. Die oftmals bedrängte Lage der Christen dort spricht Bände. Große Teile der arabischen Welt sind heute schon eine juden- und christenfreie Zone und es steht nicht zu erwarten, dass sich daran etwas zum Positiven ändern wird.

Leider scheint sich das bei führenden Vertretern unserer großen Kirchen noch nicht herumgesprochen zu haben. Bei ihnen hat sich ein Bild des Islam festgesetzt, das diesen wie eine Kirche einschätzt. Doch dabei handelt es sich um einen Trugschluss. Denn der real existierende Islam ist keine fest gefügte »Kirche«, sondern ein weites Netz unterschiedlicher religiöser Muster und Meinungen, begründet in einer divergenten Betrachtungsweise des Korans. Wer *einen* Islam vor Augen hat, nimmt nur einen bescheidenen Ausschnitt wahr, aber dieser gehört zum größeren Ganzen. Das darf nicht um eines scheinbar lieben Friedens willen ausgeblendet werden.

Die gebotene Friedfertigkeit christlicher Kirchen wird gern stillschweigend auch für den Islam angenommen. Islamismus habe mit dem Islam nichts zu tun, wird uns kirchlicherseits, aber auch von den Medien stereotyp eingetrichtert. Amokläufe und Terroranschläge, eingeleitet mit »Allahu akbar«-Rufen (»Gott ist am größten«), werden religiös relativiert und als Äußerungen frustrierter oder seelisch gestörter Muslime abgetan. Alles das dient dazu, der Öffentlichkeit ein Bild des Islam zu präsentieren, das sich friedlich und harmonisch in unsere Gesellschaft einfügt. Welch eine Verblendung!

Ein Berliner Journalist mailte mir: »Zwei meiner (atheistischen) Kolleginnen melden Kinder aus Kitas ab, weil inzwischen alles mohammedanisch ist und bereits letztes Mal Weihnachten ›ausfiel‹. Polizisten, Gefängnis-Wachpersonal, Lehrer, Richter resignieren: ›Wir haben schließlich Familie.‹« Es gibt auch zu denken, dass mittlerweile keine größere Veranstaltung – vom Münchener Oktoberfest bis hin zu kleineren lokalen Festivitäten – ohne verstärkte Sicherheitsmaßnahmen durchgeführt werden kann. Ängste gehen um und verstärken sich. Sie dürfen von den politischen Verantwortungsträgern nicht kleingeredet werden, wie es leider häufig geschieht.

Es verwundert nicht, dass ein Großteil der Bevölkerung dieses Spiel durchschaut und sich in der eigenen Wahrnehmung des vorgefundenen Islam nicht ernst genommen fühlt. Es sind zwar nur verhältnismäßig wenige Bürger, die sich auf Pegida-Demonstrationen einfinden. Aber die Zahl der AfD-Wähler nimmt zu und versetzt die etablierten Parteien in Angst und Schrecken. Die derzeitige Schönfärberei, betrieben durch etliche Politiker, manche Medien und auch Kirchenvertreter, wird sich als Bumerang erweisen und das Vertrauen in «die da oben» weiter untergraben. Damit wird der Boden bereitet für extreme Parteien, die mit schlichten Parolen eine gefährliche Faszination ausstrahlen. Aus einem diffusen Rechtspopulismus könnte gefährlicher Rechtsextremismus erwachsen.

Die in dieser Szene artikulierten Ängste wollen ernst genommen sein, auch wenn man sie nicht teilt. Ängste haben stets eine gewisse Schutzfunktion. Sie entstehen nicht aus dem Nichts. Zu fragen ist: Wovor wollen sich die »Wutbürger« schützen? Welche Gefahren sehen sie? Handelt es sich dabei um demagogisch aufgeblasene Hirngespinste oder steht mehr dahinter? Es kann der Politik und ihren etablierten Parteien nicht gleichgültig sein, was in den Köpfen und Herzen derer vorgeht, die bei Wahlen neuen Parteien zuneigen bzw. es aufgegeben haben, sich an einer Wahl zu beteiligen. Alle Verharmlosungen, gerade im Blick auf den Islam, stärken politische Außenseiter und machen sie langfristig hoffähig. Ein Blick auf die Geschichte der Weimarer Republik sollte alle Beteiligten nachdenklich werden lassen, wenngleich sich die Art der Probleme damals von denen heute deutlich unterscheidet.

Gerade die Kirchen haben im Blick auf den Islam klare Kante zu zeigen. »Selbstrelativierung stellt keine überzeugende Strategie dar«, wie es Reinhard Hempelmann treffend formuliert.[123] Es muss erlaubt sein, über die gravierenden Unterschiede zwischen Christentum und Islam zu sprechen, ohne sogleich als islamophob abgekanzelt zu werden. Das dient der Ehrlichkeit in der gegenwärtigen Debatte. Und es wird die Zahl derer vermindern, die sich inzwischen innerlich von ihren politischen Vertretern verabschiedet haben, weil sie von ihnen nichts Wegweisendes mehr erhoffen.

13. »Klarheit und gute Nachbarschaft«

Die EKD-Handreichung »Klarheit und gute Nachbarschaft«[124] aus dem Jahr 2006 setzt Maßstäbe, die bis zum heutigen Tag bedenkenswert sind. Auf der einen Seite spricht sie sich für Klarheit in der religiösen Diskussion aus. Christliche Kernbotschaften dürfen nicht abgeschwächt, vernebelt und zurückgehalten werden, nur um der islamischen Seite keinen Anstoß zu bieten. Jede Seite muss wissen, woran sie mit der anderen ist und wie es um deren Profil bestellt ist. Es muss redlich zugehen. Klarheit mehrt den Respekt voreinander.

Die »gute Nachbarschaft« ergibt sich aus Gottes Gebot an alle Christen. »Ist's möglich, soviel an euch liegt, so habt mit allen Menschen Frieden«, mahnt der Apostel Paulus in seinem Brief an die Gemeinde in Rom (Römer 12,18). Damit weist er die Spur, die Jesus gezogen hat und die für Christen verbindlich ist. Sie sollen auch gegenüber Fremden gute Nachbarn sein.

Klarheit und gute Nachbarschaft gedeihen nur auf der Ebene von Dialog und Toleranz. Beide schließen sich nicht aus, sondern gehören zusammen und bedingen einander.

Die vielfach beschworene religiöse und kulturelle Vielfalt bildet keinen Wert an sich, sondern beschreibt die Palette, die sich uns gesellschaftlich präsentiert. Sie hat Platz in einer freiheitlich-demokratischen Gesellschaft.

Natürlich Dialog

In einer pluralistischen Gesellschaft ergibt es sich von selbst, dass sich die Vertreter von Religionsgemeinschaften begegnen. Für ein friedliches Zusammenleben bedarf es unterschiedlicher Gesprächsebenen. Der Dialog miteinander, auch mit den Vertretern des Islam, dient als entscheidendes und unerlässliches Kommunikationsmittel, das in allen Bereichen des Zusammenlebens benötigt wird. Er wird hoffentlich respektvoll und in gegenseitiger Wertschätzung geführt. Zwar prallen dabei unvereinbare Wahrheitsansprüche aufeinander, doch das Gespräch miteinander ist unentbehrlich, lebt man doch in derselben Gesellschaft zusammen und muss miteinander auskommen. Das setzt auf allen Seiten Dialogfähigkeit und -bereitschaft voraus. »Für das friedliche Zusammenleben in pluralistischen Lebenskontexten [...] sind solche Begegnungen von zentraler Bedeutung.«[125]

Die Notwendigkeit des Dialogs ergibt sich auch aus der inneren Anlage des christlichen Glaubens. Wer im Sinne Jesu und seiner Apostel Liebe leben, Versöhnung stiften und Frieden weitergeben will, kann keinen abgehobenen Lebensstil pflegen, in dem man sich von anderen abschottet. Christliches Leben bedarf der Kontakte, der Begegnungen und des Gesprächs, selbstverständlich auch mit solchen, die den christlichen Glauben nicht teilen. »Dialog ist auch eine Chance zur Überprüfung und Festigung des eigenen Standortes [...].«[126] Im Gespräch kann sich das Profil des eigenen Glaubens deutlicher herausstellen. Erst recht lernt man die Überzeugung des anderen besser kennen.

Doch aus gedeihlichen Gesprächen mit den Religionsvertretern des Islam hier in Deutschland darf nicht der Schluss gezogen werden, dass die Dialogfähigkeit typisch sei für den gesamten Islam. Ein Blick in die weltweite christliche Ökumene sagt etwas anderes und mahnt zur Nüchternheit.

Der Dialog mit dem Islam bzw. seinen Vertretern darf keineswegs in eine Förderung des Islam umschlagen. Es geht nicht an, dass sich kirchliche Kreise für den Bau von Moscheen starkmachen und ihr Wohlwollen noch durch Geschenke unterstreichen. Auch die Mitwirkung in muslimischen Gremien stellt ein fragwürdiges Unterfangen dar. Den Muslimen in ihrem Fastenmonat Ramadan eine »Stärkung im Glauben« zu wünschen, wie es der badische Landesbischof Jochen Cornelius-Bundschuh getan hat, und sie als »Geschwister« zu bezeichnen, so Landesbischof Ralf Meister aus Hannover, wäre dem Apostel Paulus nicht eingefallen. Und Luther hätte sich im Grabe umgedreht. Diese Sichtweise verunklart die wahre Lage. Sie nivelliert den Islam und mindert die christliche Zeugniskraft.

Zwar stehen wir dafür ein, dass Muslime ihren Glauben in Deutschland frei ausüben können. Doch es hat christlicherseits alles zu unterbleiben, was den Islam stärkt. Dessen Wahrheitsanspruch steht dem christlichen diametral entgegen. Nur bei Jesus Christus sind nach biblischem Verständnis Menschen an der richtigen Adresse. Jesus allein ist der, »der Heil und Leben mit sich bringt«, wie es in Georg Weissels bekanntem Adventslied heißt.[127] Wenn dagegen andere religiöse Angebote gefördert werden, setzt man Menschen auf eine falsche Spur oder bestärkt sie auf ihrem religiösen Irrweg.

Selbstverständlich Toleranz

Im Dialog stoßen unterschiedliche Überzeugungen aufeinander. Deshalb ist Toleranz angesagt. Sie bedeutet: Unterschiedliche, absolute Wahrheitsansprüche stehen sich gegenüber. Sie werden nicht relativiert oder gar zugunsten eines größeren Ganzen eingeebnet. Aber sie werden respektiert. Der andere darf seine Position vertreten, genauso wie ich die meinige vertrete. Ich lasse den anderen gelten, auch wenn ich seine Auffassung nicht teile. Toleranz ist eine wechselseitige Angelegenheit.

Toleranz ist mehr als ein schiedlich-friedliches Nebeneinander. Sie ist vielmehr höchst anstrengend. Sie setzt eine eigene Überzeugung voraus, aber auch die Bereitschaft, diese von anderer Seite infrage stellen zu lassen und selber Rede und Antwort zu stehen. Dafür ist bei allen Beteiligten eine erhebliche Frustrationstoleranz vonnöten. Man muss aushalten können, dass andere anders denken und leben als ich. Wer das nicht vermag, tut sich in einer multikulturellen Gesellschaft schwer.

Der Philosoph Karl Popper (1902–1994) weist zu Recht auch auf die Grenzen hin, die jeder Toleranz gesetzt sind: »Uneingeschränkte Toleranz führt mit Notwendigkeit zum Verschwinden der Toleranz. Denn wenn wir die unbeschränkte Toleranz sogar auf die Intoleranten ausdehnen, wenn wir nicht bereit sind, eine tolerante Gesellschaftsordnung gegen die Angriffe der Intoleranz zu verteidigen, dann werden die Toleranten vernichtet werden und die Toleranz mit ihnen.«[128]

Als Christen verhalten wir uns *person*tolerant. Wir akzeptieren, dass wir Mitbürger haben, die religiös anders geprägt sind. Wir wollen ihnen gute Nachbarn sein und unserem

Staat bei der schwierigen Aufgabe helfen, Flüchtlinge zu integrieren. Dabei bringen wir uns sachkundig und gesprächsbereit ein, vor allem auf dem diakonischen Feld.

Aber wir verhalten uns als Christen keineswegs *sach*tolerant. Wir sind überzeugt: Allein Jesus Christus ist »Weg, Wahrheit und Leben« für jeden Menschen (Johannes 14,6). »In keinem andern ist das Heil« als in ihm (Apostelgeschichte 4,12). Jede Art von Religionsvermischung ist daher ausgeschlossen. Das heißt praktisch: Gemeinsame Gebete und Gottesdienste mit Vertretern anderer Religionen sind uns nicht möglich. Als Christen beten wir grundsätzlich im Namen Jesu.

Auf jeden Fall Mission

Es muss von Selbstrelativierung geredet werden, wenn im Dialog das Christliche zurückgehalten und in seinen entscheidenden Passagen entschärft wird, um keinen Anstoß zu erregen und den religiösen (Schein-)Frieden nicht zu stören. Solch anbiederndes Verhalten entspricht nicht den Vorgaben des Neuen Testaments. Die Apostel der ersten Christenheit sind davon überzeugt, dass die Botschaft von Jesus für jeden Menschen lebens- und sterbenswichtig ist. Dazu stehen sie. Deshalb nehmen sie alle nur denkbaren Strapazen auf sich, um diese Nachricht in die Welt hineinzutragen. Dabei scheuen sie auch nicht den Märtyrertod. Ihre Botschaft richtet sich an alle Menschen, ganz gleich, wo sie religiös beheimatet sind. Jeder ist auf Jesus angewiesen. Selbstverständlich richtet sich christliche Mission auch an Muslime. Auch sie sollen von Jesus hören. Es gibt für ihn keinen Ersatz.

Von außen betrachtet, scheint die Wahrheit namens Jesus

Christus eine unter vielen zu sein. Doch als Christen sind wir überzeugt: Sie ist nicht wie jede andere. Deshalb haben uns die Reformatoren ins Stammbuch geschrieben: »Solus Christus – Allein Jesus Christus«. Nur Jesus versöhnt Menschen mit Gott. Nur durch ihn finden wir zu Gott. Er ist nicht nur für uns Christen der »Herr« und »Erlöser«, sondern er ist es für alle Menschen. Deshalb hat Mission als Information und Einladung zum Glauben selbstverständliche Handlungsweise aller Kirchen zu sein. »Christen sind auch gegenüber Muslimen ihrem Zeugnisauftrag verpflichtet.«[129]

Christliche Mission stellt keine »Wegelagerei« dar, bei der anderen ihre religiösen Kostbarkeiten geraubt werden. Sondern sie gleicht dem Überreichen eines Geschenks. Das hat der Apostel Paulus erlebt und praktiziert: »[…] so hatten wir Herzenslust an euch und waren bereit, euch nicht allein am Evangelium Gottes teilzugeben, sondern auch an unserm Leben; denn wir hatten euch lieb gewonnen« (1 Thessalonicher 2,8).

Deshalb erfreut sich Paulus in Athen keineswegs an der frommen Szene, die er dort vorfindet. »Ein positives Verständnis religiöser Vielfalt«, wie es in einem aktuellen EKD-Text begrüßt wird,[130] ist seine Sache nicht. Nein, sondern es »ergrimmte sein Geist in ihm, als er die Stadt voller Götzenbilder sah« (Apostelgeschichte 17,16). Menschen sind zweifellos religiös und dienen ihren Göttern. Doch dass »die Pluralität der Religionen […] die evangelische Einsicht in die vielfältige Zuwendung Gottes zu den Menschen [bekräftigt]«[131] – diese Aussage hätte der Apostel sicher nicht unterschrieben. Vielmehr knien Menschen vor den falschen Altären. Sie beten Götter an, die keine sind, sondern nur »Götter genannt werden« (1 Korinther 8,5).

Paulus möchte sie auf den Weg bringen, »zu dienen dem lebendigen und wahren Gott« (1 Thessalonicher 1,9). Er tut das ohne Nötigung und Gewalt, sondern durch seine schlichte Verkündigung. Durch Jesus hat Gott »jedermann den Glauben angeboten« (Apostelgeschichte 17,31). Die Reaktion in Athen: Viele spotten und wenden sich ab, einige aber bleiben und werden Christen. So trägt es sich in der Geschichte der Mission ständig zu. Auf diese Weise sind christliche Gemeinden entstanden.

Die Vielfalt der religiösen Überzeugungen gehört zwar zu einer multikulturellen Gesellschaft, in die Gott uns hineingestellt hat und deren Raum wir bejahen und nutzen. Aber religiöse Vielfalt ist kein positiv zu füllender theologischer Begriff. Vielfalt zeigt – so christlich-reformatorische Überzeugung – die religiösen Irrwege auf, die von Menschen seit jeher beschritten werden. Selbstverständlich ist jeder Mensch so frei, diese zu begehen. Demgegenüber hat uns Martin Luther bezeugt (ich wiederhole dieses zentrale Wort hier bewusst noch einmal): »Solus Christus – Allein Jesus Christus«. Damit befindet er sich auf der Linie, die uns Altes wie Neues Testament vorgeben. Sosehr wir als Christen Menschen anderer religiöser Überzeugung achten – an der Wahrheit namens Jesus Christus halten wir umso mehr fest. Diese Wahrheit gilt nicht nur für uns, sondern sie trifft auf alle Menschen zu.

Aber wenn wir von Wahrheit reden, zeigen wir nicht auf uns als Christen: auf unseren Glauben, auf unsere Frömmigkeit oder auf unsere Kirchen. Sondern wir weisen von uns weg hin zu Jesus Christus und seinem Kreuz. Nicht wir haben die Wahrheit – und blicken dann stolz und erhaben auf die anderen herab. Sondern wir sehen auf Jesus Christus als die Wahrheit in Person. Wir Christen sind fehlbare Menschen, die um ihre Unzulänglichkeit wissen – auch was ihren Glauben, ihre Theologie und ihre Lebensführung betrifft. Wehe uns, wenn wir uns über andere erheben und uns ihnen überlegen fühlen und das womöglich auch noch zeigen! Es war eine Torheit, als man im 19. Jahrhundert selbstgefällig von der »Absolutheit des Christentums« sprach. Dabei ist die Geschichte der Christenheit, die viel Gutes und Erfreuliches aufweist, stets auch eine Geschichte des Scheiterns, der Engherzigkeit und der Gewalt gewesen. Da gibt es nichts zu rühmen. »Wer sich rühmt, der rühme sich des Herrn!«, schreibt uns der Apostel Paulus ins Stammbuch (1 Korinther 1,31).

Als Christen sind wir davon überzeugt, eine Botschaft zu haben, die sich im Leben jedes einzelnen Menschen und dazu in allen Formen des Zusammenlebens – bis hinein in den wirtschaftlichen und politischen Bereich – positiv auswirkt. Hier ist unsererseits ein ausgeprägteres »Qualitätsbewusstsein« vonnöten. Wer nicht von seiner eigenen Sache durchdrungen ist, wird kaum jemand davon überzeugen können.

Leider ist derzeit die innerkirchliche Unsicherheit, welche Botschaft zu verkündigen sei, das größte Hemmnis für Mission, denn Unsichere verunsichern. Der Theologe Wolfhart Pannenberg hat schon vor Jahren feststellen müssen: »Von einem kirchlichen Lehrkonsens auf der Basis des Schriftzeugnisses, wie er der Reformation vorgeschwebt hat, kann trotz der formellen Geltung der reformatorischen Bekenntnisschriften in den evangelischen Kirchen heute keine Rede sein. […] Es ergibt sich die begründete Vermutung, dass die in der Pfarrerschaft der evangelischen Kirchen verbreitete

Verunsicherung im Hinblick auf den Glauben, den die Amtsträger öffentlich zu verkündigen haben, das größte Problem der Kirche darstellt.«[132]

Das Evangelium als Bringschuld

Leider ist die Scheu, anderen etwas aufzudrängen, in weiten Bereichen der EKD riesengroß. Sicherlich hat man in früheren Epochen – die liegen allerdings Jahrhunderte zurück – Andersgläubigen nicht selten das Christliche aufgezwungen. Doch der Missbrauch darf den rechten Brauch nicht aufheben – um des Evangeliums willen: Jeder soll von Jesus hören.

Das Evangelium von Jesus Christus ist eine Bringschuld. Wo Christen diese im Sinne Jesu abtragen, beglücken sie andere mit dem Geschenk des Evangeliums. Wie positiv sich das auswirkt, hat auf der EKD-Synode in Braunschweig im Jahr 2000 ein Christ aus Indien, der als Pfarrer und Dozent in Deutschland gearbeitet hat, in einem Grußwort eindringlich geschildert: »Lassen Sie sich doch bitte nicht einreden, dass Mission eine schlechte Sache gewesen sei und Menschen unterdrückt habe. Natürlich wissen wir alle, dass in der Mission auch Fehler gemacht wurden, und wollen das nicht verschweigen. Aber unter dem Strich bleibt, dass das Evangelium befreit hat. Und ich stehe hier als ein Beispiel für diese Befreiungsgeschichte des Evangeliums vor Ihnen, und gerne will ich bezeugen, wie froh und dankbar ich bin, dass Missionare nach Indien gekommen sind, die Jesus Christus als Befreier und Retter verkündigt haben. Jeder von Ihnen, der sich in der Literatur der Kastenlosen auskennt, weiß, dass dort ein hohes Loblied auf die Mission und die

Missionare gesungen wird, weil sie die Kastenlosen aus der Verachtung als ganz am Rand der Gesellschaft Stehende herausgeholt haben und ihnen Würde gegeben haben vor Gott und den Menschen. Achten Sie das bitte nicht gering. Was ich den Christinnen und Christen in Deutschland wünsche, ist, dass sie sich des Evangeliums nicht schämen. Das Evangelium ist eine befreiende Botschaft und hat im Laufe der Geschichte großartige Wirkungen gehabt.«[133]

Es ist geradezu ein Menschenrecht, von Jesus Christus zu hören und zum Glauben an ihn eingeladen zu werden. Jeder unserer Zeitgenossen soll die christliche Botschaft so hören, dass er sie verstehen und etwas damit anfangen kann. Als christliche Gemeinde sind wir verpflichtet, Menschen zu ihrem Recht zu verhelfen. Der anglikanische Bischof Lesslie Newbigin spricht von einem »brennenden evangelischen Verlangen«, das sich in vielfältigen missionarischen Aktivitäten der Kirche und ihrer Gruppen niederschlägt.[134]

Das wird von Fulbert Steffensky unterstrichen: »Wir leiden daran, dass so wenige Gruppen leidenschaftliche Ideen vertreten. Wir leiden daran, dass niemand missioniert. Mission ist die gewaltfreie Selbstrepräsentation und Unverborgenheit der Kirche. Religiöses Selbstbewusstsein und Mission sind nicht voneinander zu trennen. Wer von etwas überzeugt ist, zeigt sich in seinen Überzeugungen. [...] Christen werden zu Christen, wenn sie sich als Christen zeigen. [...] Was sich verbirgt, stirbt.«[135]

Wenn wir uns als Christen zeigen, wird sich das hoffentlich auch in der Art und Weise niederschlagen, wie wir die Jesusbotschaft weitergeben. Grimmiger Ernst und verbissener Eifer stehen einer Botschaft von der Freude im Weg. Diese spricht für sich selbst. Indem wir sie verkündigen, kommt Gott selbst durch seinen Heiligen Geist und berührt Menschen. Wir haben die Aufgabe, sie einzuladen: »[…] so bitten wir nun an Christi statt: Lasst euch versöhnen mit Gott!« (2Korinther 5,20). Die Bitte ist die angemessene Einladungsgestalt des christlichen Glaubens. Wir werben, aber wir nötigen nicht. So auch Michael Herbst, Theologieprofessor an der Universität Greifswald: »Wir brauchen keine starken Mittel. Unsere Predigt kennt nur Jesus den Gekreuzigten. Wir setzen nicht auf Demonstrationen der Stärke. Man wird es am Tonfall merken. An der Lautstärke. Am Respekt. An der Wärme. An der Freundlichkeit unserer Bitte. Gewiss, wir predigen und bitten um Gehör, in Glaubenskursen und Evangelisationen und vielem mehr, aber unsere Predigt ist wehrlos, sie poltert nicht, sie hat etwas von der leisen Stimme Gottes.«[136]

Auch die Menschen, die aus anderen Ländern nach Deutschland kommen, sollen diese »leise Stimme Gottes« hören. Zahlreiche Kirchengemeinden gehen hier gezielt, aber unaufdringlich vor. Flüchtlinge, zu denen vielfältiger und intensiver Kontakt besteht, vor allem auf diakonischem Feld, und zu denen sich ein Vertrauensverhältnis entwickelt hat, werden in die Gottesdienste eingeladen, aber auch zu anderen Veranstaltungen. Da ihre Deutschkenntnisse nur rudimentär sind, wird ihnen übersetzt. So teilt man mit ihnen das Beste, was wir haben und ihnen geben können. Und wir freuen uns, wenn gelegentlich das ausgestreute Wort auf guten Boden fällt – bis hin zum Wunsch, fest zur christlichen Gemeinde zu gehören und getauft zu werden.

Indem wir die von Jesus bezeugte Wahrheit verkünden, zeigen wir anderen, was wir lieben und was uns heilig ist. Und das durchaus auch optisch, wie Heidi Josua schreibt:

»Ich verkörpere als Person Deutschland und auch das Christentum, ob ich will oder nicht. Und je klarer und eindeutiger ich lebe und auftrete, desto effektiver wird das, was ich tue. Früher hielt ich Halsketten mit Kreuz für übertrieben, fast peinlich. Seit ich in der arabischen Welt unterwegs bin, gehe ich nicht mehr aus dem Haus ohne meine Kreuzkette. […] Das Kreuz, das Zeichen Christi, am Leib zu tragen, Christus zu verkörpern – jeden Augenblick, an jedem Ort. Das ist doch unsere christliche Identität: Bis in alle Poren erfüllt sein von diesem Christus.«[137]

14. Erwartungen

Wenn der Islam in Deutschland und Europa heimisch werden will, muss man von ihm fordern, auf seine politischen und gesellschaftlichen Machtansprüche zu verzichten und sich auf die religiös-ethische Komponente zu beschränken. Der Islam muss Demokratie und Meinungsfreiheit, Menschenrechte und Glaubensfreiheit bejahen. In einem solchen Fall würde er unproblematisch zu Deutschland gehören – in guter Nachbarschaft. Bassam Tibi hat dafür schon vor einem Vierteljahrhundert den Begriff »Euro-Islam« geprägt.

Heute ist Tibi skeptischer geworden: »Der Islam muss veränderbar sein, auch wenn viele Muslime das vehement ablehnen.« Er brauche wie jede Religion »Rationalismus und Reformation«. Ansätze dafür »wurden in den muslimischen Ländern unterdrückt. Und auch hier in Europa, wo Muslime sich frei fühlen können wie sonst nirgendwo, redet man nicht gerade fröhlich über Reformen.«[138]

Hoffnungszeichen

Ob eine Art Euro-Islam möglich ist, bleibt ungewiss. Bestrebungen dieser Art durch einige muslimische Vertreter sind allerdings vorhanden. So hat sich ein »Muslimisches Forum Deutschland« (MFD) gebildet. Mit seinen »Berliner Thesen« hat es sich im Oktober 2015 öffentlich zu Wort gemeldet.[139] Es wendet sich bewusst gegen den Alleinvertretungsanspruch der islamischen Verbände. Das MFD tritt für eine zeitgemäße Koranauslegung ein, dazu für individuelle

Menschenrechte, insbesondere für das Selbstbestimmungsrecht der Frau. Es geht vom deutschen Grundgesetz als verbindlicher Wertegrundlage aus und bejaht die Trennung von Religion und Politik. Die viel diskutierten Konfliktfelder Schwimmunterricht, Klassenfahrten und Sexualkunde, die für reichlich Zündstoff sorgen, werden als Bestandteile des schulischen Bildungsauftrages gesehen, der auch für hiesige Muslime verbindlich sei.

Dem MFD gehören unterschiedliche muslimische Glaubensrichtungen an. In ihm haben sich »liberale Intellektuelle zusammengeschlossen, islamische Theologen und Wissenschaftler«; man »will eine differenzierte Diskussion über den Islam anstoßen, um aufzuklären und um diffuse Ängste zu nehmen«.[140] Ahmad Mansour ist zum Sprecher des MFD gewählt worden; einer seiner Stellvertreter ist Mouhanad Khorchide. Übrigens stehen beide unter Personenschutz.

Das Medieninteresse war groß, ebenso die Kritik der traditionellen islamischen Verbände, die die Gefahr witterten, hier könnte ein humanistisch weichgespülter Islam die Deutungshoheit übernehmen über das, was wahrhaft islamisch sei.

Es gibt also bescheidene Hoffnungszeichen für einen Islam, der sich in unser Gesellschaftssystem einfügen mag. Aber bekanntlich macht eine Schwalbe noch keinen Sommer. Und die Widerstände sind erheblich.

Fragezeichen

Die entscheidende Frage lautet: Ist der Islam von seinem Wesen her demokratisierbar? Oder legt er es darauf an, Parallelgesellschaften zu installieren? Verträgt er sich mit dem

Wertekodex eines liberalen Staatswesens? Bislang – das muss ganz offen gesagt werden – hat sich der Islam in seinen Grundzügen als reformresistent erwiesen. Nahezu alle Säkularisierungs- und Reformansätze in islamischen Ländern sind gescheitert. Der real existierende Islam lässt eher daran zweifeln, dass ein Euro-Islam möglich sei. Es führt kein Weg an der Forderung vorbei: Der Islam muss vor allem erst einmal mit sich selber ins Reine kommen, ehe er den Anspruch an unsere Gesellschaft stellen darf, gehört zu werden. Lamya Kaddor, Vorstandsmitglied im von ihr mitgegründeten Liberal-Islamischen Bund (LIB), urteilt selbstkritisch: »Ich glaube, es wird kein Weg daran vorbeiführen, dass wir Muslime uns auch darüber streiten müssen, wie wir den Islam eigentlich verstehen.«[141]

Die »Sperrigkeit« dieser Religion ist wesentlich darin begründet, dass es keine verbindliche Koranauslegung gibt, auf die man sich islamischerseits verständigen könnte. Was ist die für alle geltende Lehre? Wer hat die Deutungshoheit? Was im Koran muss dringend befolgt werden und was hat sich durch die zeitliche Differenz zwischen damals und heute erledigt? Was im Koran steht in der ersten und was in der zweiten Reihe? In diesen grundlegenden Fragen der Lehre liegen sich Muslime weltweit in den Haaren. Außerdem wecken Unsicherheiten gern radikale Tendenzen, die eine vermeintliche Klarheit einfordern und diese notfalls auch mit Gewalt durchsetzen wollen.

Deshalb nehmen salafistische Bestrebungen weltweit zu. »Die Anzahl salafistischer Moscheen und Schulen, finanziert durch die Golfstaaten, hat sich seit 1993 weltweit vervielfacht. […] Die linksliberale Mehrheit in Europa und in den USA, gefangen im politisch Korrekten, bemüht sich, den

Islam inklusive Salafismus wie irgendeine andere Religion zu behandeln, und hat Angst davor, der Intoleranz mit Intoleranz zu begegnen.«[142]

Die Diskriminierung und Verfolgung von Christen in vielen islamischen Ländern tut ein Übriges, um Vorbehalte gegenüber dem Islam zu nähren; sie darf nicht um des lieben Friedens willen verschwiegen werden. Diese Wunde klafft schmerzlich und sie muss offen gehalten werden – auch um der Schwestern und Brüder willen, die ihren christlichen Glauben nur verdeckt und unter Lebensgefahr praktizieren können.

Fazit

Gehört der Islam zu Deutschland? Äußerlich schon. Die Statistiken sprechen eine eindeutige Sprache. Aber innerlich in weiten Teilen längst noch nicht. Die weitere Entwicklung hängt vom Islam und seiner Veränderungsbereitschaft ab. Manches auf dem Feld persönlicher Begegnung macht Mut. Anderes irritiert und lässt daran zweifeln. Doch wer die Hoffnung aufgibt, hat schon verloren.

Anmerkungen

[1] Reinhard Hempelmann, Verschärfungen des religiösen und weltanschaulichen Pluralismus, in: Materialdienst der EZW (Evangelische Zentralstelle für Weltanschauungsfragen), 1/2016, 11.

[2] Klarheit und gute Nachbarschaft. Christen und Muslime in Deutschland. Eine Handreichung des Rates der EKD (EKD-Texte, Nr. 86), Hannover (2006), 17.

[3] Ebd., 115.

[4] Ebd., 117.

[5] Ebd., 116.

[6] Sonderauswertung Islam 2015. Die wichtigsten Ergebnisse im Überblick, hg. von der Bertelsmann Stiftung (Religionsmonitor – verstehen was verbindet), (Gütersloh 2015), 7.

[7] pro. Christliches Medienmagazin, 3/2016, 4; ebd. die im Absatz folgenden Zahlenangaben.

[8] https://www.uni-muenster.de/imperia/md/content/religion_und_politik/aktuelles/2016/06_2016/studie_integration_und_religion_aus_sicht_t__rkeist__mmiger.pdf, 3 und 7.

[9] TAZ, 09.07.2016.

[10] https://www.welt.de/vermischtes/article156779199/Lieber-schweigen-als-Migranten-in-Verruf-bringen.html, 04.07.2016.

[11] TAZ, 09.07.2016.

[12] Kai Funkschmidt, »Weiß er nicht, dass sie ihn umbringen werden?« Frankreichs islamischer Antisemitismus, in: Materialdienst der EZW, 2/2016, 49.

[13] Ebd., 50.

[14] https://www.welt.de/debatte/article156781355/Deutschland-ist-immer-noch-kein-normales-Land.html, 04.07.2016.
[15] Christlicher Glaube und religiöse Vielfalt in evangelischer Perspektive. Ein Grundlagentext des Rates der Evangelischen Kirche in Deutschland (EKD), Gütersloh 2015, 13.
[16] Heidi Josua, Kultur der Gastfreundschaft und des Trostes, in: Freundesbrief, hg. von der Evangelischen Missionsschule Unterweissach, Nr. 201, 9/2016, 8.
[17] Joseph Ratzinger, Benedikt XVI., Salz der Erde. Christentum und katholische Kirche im neuen Jahrtausend. Ein Gespräch mit Peter Seewald, 7. Auflage, München 2004, 19.
[18] Volker Gäckle, Schwachheit verstehen – Gemeinde bauen, in: Mission weltweit, hg. von der Liebenzeller Mission, 7–8/2016, 20.
[19] Christlicher Glaube und religiöse Vielfalt, a. a. O., 24.
[20] Unabhängigkeitserklärung der Vereinigten Staaten, https://de.wikipedia.org. Siehe auch DER SPIEGEL, 51/2015, 92.
[21] www.un.org/depts/german/menschenrechte/aemr.pdf.
[22] http://www.spiegel.de/spiegel/print/d-38546634.html, 13.12.2004.
[23] DER SPIEGEL, 38/2013, 140.
[24] Das »Grundgesetz für die Bundesrepublik Deutschland« ist online verfügbar unter https://www.gesetze-im-internet.de/bundesrecht/gg/gesamt.pdf.
[25] Wolfgang Thierse, Religiös-weltanschauliche Vielfalt in der Demokratie, in: Materialdienst der EZW, 4/2016, 125.
[26] https://de.wikipedia.org/wiki/Kreuzerlass.
[27] Klarheit und gute Nachbarschaft, a. a. O, 64 f.
[28] https://de.wikipedia.org/wiki/Böckenförde-Diktum.
[29] Jürgen Habermas, Zwischen Naturalismus und Religion.

Philosophische Aufsätze, Frankfurt am Main 2009, 9.
[30] http://www.haz.de/Nachrichten/Meinung/Uebersicht/Wo-bleibt-die-Moral-im-US-Wahlkampf, 20.02.2016.
[31] Bischof Stefan Oster / Peter Seewald, Gott ohne Volk? Die Kirche und die Krise des Glaubens, München 2016, 9.
[32] DER SPIEGEL, 51/2015, 31.
[33] Wolfgang Huber, Die Religionen und der säkulare Staat. Vortrag beim Reformationsempfang in Wien, 30. Oktober 2006, https://www.ekd.de/vortraege/huber/061030_huber_wien.html.
[34] Künstlername von Ali Ahmad Said Esber.
[35] DER SPIEGEL, 7/2016, 121.
[36] http://www.spiegel.de/spiegel/print/d-73600019.html, 06.09.2010.
[37] DER SPIEGEL, 4/2015, 133.
[38] https://www.bmi.bund.de/SharedDocs/Downloads/DE/Themen/Gesellschaft-Verfassung/DIK/MLD-Zusammenfassung.pdf?__blob=publicationFile, 3 und 5.
[39] Katrin Brettfeld / Peter Wetzels, Muslime in Deutschland. Integration, Integrationsbarrieren, Religion sowie Einstellungen zu Demokratie, Rechtsstaat und politisch-religiös motivierter Gewalt. Ergebnisse von Befragungen im Rahmen einer multizentrischen Studie in städtischen Lebensräumen, hg. vom Bundesministerium des Innern, Hamburg 2007, 173.
[40] Ebd., 167; siehe auch 133 f.
[41] http://www.deutschlandfunk.de/integration-von-zuwanderern-das-ergebnis-ist-die-afd.694.de.html?dram:article_id=364740, 02.09.2016.
[42] Ebd.
[43] http://www.spiegel.de/spiegel/print/d-121741526.html,

18.11.2013.

[44] Zum Islamismus in Deutschland siehe https://www.verfassungsschutz.de/de/arbeitsfelder/af-islamismus-und-islamistischer-terrorismus.

[45] http://www.haz.de/Nachrichten/Der-Norden/Uebersicht/Verfassungsschutzpraesidentin-Brandenburger-Salafistische-Zentren-erhalten-Zulauf, 30.12.2015.

[46] http://www.focus.de/politik/deutschland/extremismus-1100-islamistische-gefaehrder-in-deutschland_id_5147042.html, 11.12.2015.

[47] http://www.tagesspiegel.de/politik/islamwissenschaftler-bassam-tibi-die-tuerkei-ist-fuer-den-westen-verloren/14025492.html, 17.08.2016.

[48] Die folgenden Angaben stützen sich zum großen Teil auf https://de.wikipedia.org/wiki/Islamische_Organisationen_in_Deutschland.

[49] http://www.stuttgarter-nachrichten.de/inhalt.muslime-in-deutschland-regeln-fuer-deutschen-islam-sind-vage.5d1b717b-8ded-4c1a-925a-a1bd4da7da1d.html, 13.08.2016.

[50] http://www.sueddeutsche.de/politik/islamverbaende-partner-des-staates-gesucht-1.2741188, 17.11.2015.

[51] https://www.gruene.de/fileadmin/user_upload/Dokumente/160317_Abschlussbericht_Religionskommission_Gruene.pdf, 15. Siehe auch Reinhard Hempelmann, Grüne Religionspolitik und Reaktionen atheistischer Verbände, in: Materialdienst der EZW, 6/2016.

[52] Evangelische Verantwortung. Das Magazin des Evangelischen Arbeitskreises der CDU/CSU, 11+12/2015, 4.

[53] Presseerklärung 96/3108-2016, https://kurdische-gemeinde.de/die-ditib-kann-kein-partner-fuer-den-islamun

terricht-in-deutschland-sein/.

[54] http://www.zdf.de/gottesdienste/evangelischer-open-air-gottesdienst-aus-dem-schoenblick-44670614.html.

[55] Ursula Spuler-Stegemann, Gerechter Friede! Gerechter Krieg? Krieg und Frieden im Islam, in: Ernstfall Frieden. Biblisch-theologische Perspektiven, hg. von Marco Hofheinz und Georg Plasger, Wuppertal 2002, S. 78.

[56] https://www.welt.de/politik/article1382004/Deutsche-Konvertiten-glauben-zu-150-Prozent.html, 10.11.2007.

[57] https://www.uni-muenster.de/imperia/md/content/religion_und_politik/aktuelles/2016/06_2016/studie_integration_und_religion_aus_sicht_t__rkeist__mmiger.pdf, 15.

[58] http://www.sueddeutsche.de/politik/integration-fuer-viele-deutschtuerken-geht-religion-vor-gesetz-1.3037074, 16.06.2016.

[59] Brettfeld/Wetzels, a. a. O., Kap. 4.3.6, 5.8, 6.6.

[60] Materialdienst der EZW, 7/2012, 250.

[61] Materialdienst der EZW, 7/2016, 267 f.

[62] Funkschmidt, a. a. O., 43.

[63] Ebd., 48.

[64] Ebd.

[65] Ebd., 50.

[66] Ebd., 49.

[67] DER SPIEGEL, 31/2016, 122–124.

[68] http://www.faz.net/aktuell/feuilleton/debatten/claude-lanzmann-israel-fehlt-auf-kempinski-liste-14381684.html, 11.08.2016.

[69] Heinz Bude, Gesellschaft der Angst, Hamburg 2014, 140.

[70] DER SPIEGEL, 11/2016, 107.

[71] Ebd., 106.

[72] Ebd., 108.

[73] Sämtliche Koranzitate nach: Der Koran. Aus dem Arabischen übertragen von Max Henning. Einleitung und Anmerkungen von Annemarie Schimmel, Stuttgart 1960. Online verfügbar unter http://gutenberg.spiegel.de/buch/der-koran-5228/1.
[74] Klarheit und gute Nachbarschaft, a. a. O, 44.
[75] Brettfeld/Wetzels, a. a. O., 190.
[76] https://www.ekd.de/download/reformation_und_islam.pdf, 11–16.
[77] http://www.pfarrerblatt.de/text_203.htm.
[78] http://www.krone.at/welt/lass-dschihadisten-boesartige-christen-besiegen-imam-hetzt-in-mekka-story-529868, 16.09.2016.
[79] http://www.faz.net/aktuell/feuilleton/debatten/hass-im-islam-terror-hat-mit-der-religion-zu-tun-14317475-p4.html, 01.07.2016.
[80] Siehe auch Christine Schirrmacher, Der Abfall vom Islam – Schariabestimmungen und Praxis, 2006, http://www.islaminstitut.de/uploads/media/Abfall.pdf.
[81] http://islam.de/files/misc/krm_go.pdf.
[82] http://www.islamdebatte.de/islamische-schluesseltexte/kairoer-erklaerung-der-menschenrechte-im-islam/.
[83] http://www.zeit.de/2016/30/muslime-in-deutschland-moschee-glauben-staat/, 25.07.2016.
[84] Jochen Bölsche, Die Lanzen der Eroberer, http://www.spiegel.de/spiegel/spiegelspecial/d-56323073.html, 25.03.2008.
[85] Ebd.
[86] Ebd.
[87] Ebd.
[88] https://www.kath.ch/newsd/saida-keller-messahli-fordert-

ein-neues-konzept-fuer-umgang-mit-moscheen/, 23.07.2016.

[89] http://www.focus.de/politik/deutschland/extremismus-verfassungsschutz-beobachtet-rund-90-moscheen-in-deutschland_id_5490779.html, 02.05.2016.

[90] Christine Schirrmacher, Gebetsruf im Islam, 2004, http://www.islaminstitut.de/uploads/media/Der_Gebetsruf_im_Islam_01.pdf, 1.

[91] Zusammenleben mit Muslimen in Deutschland. Gestaltung der christlichen Begegnung mit Muslimen. Eine Handreichung des Rates der Evangelischen Kirche in Deutschland, Gütersloh 2000, 59.

[92] Ebd.

[93] https://www.orientdienst.de/muslime/minikurs/koranschulen/, 01.06.2014.

[94] Zusammenleben mit Muslimen, a. a. O., 64.

[95] Ebd., 63.

[96] Ebd.

[97] ideaSpektrum, Nr. 30, 27.07.2016, 14.

[98] http://www.zeit.de/politik/deutschland/2016-07/recep-tayyip-erdogan-cem-oezdemir-nationalisten-tuerkei, 24.07.2016.

[99] http://www.spiegel.de/lebenundlernen/schule/kopftuchverbot-wird-vom-bundesverfassungsgericht-eingeschraenkt-a-1023263.html, 12.03.2015.

[100] http://www.swissinfo.ch/ger/verbot-fuer-islamisches-kopftuch-an-schule-nicht-emrk-widrig/1909896, 27.02.2001.

[101] https://www.evangelisch.de/inhalte/132865/17-03-2016/keine-eindeutigen-vorschriften-zu-kopftuch-und-burka-im-koran, 17.03.2016.

[102] Hempelmann, Verschärfungen, a. a. O., 6.

[103] https://www.bundesregierung.de/Content/DE/Artikel/2016/09/2016-09-07-merkel-haushaltsdebatte.html.
[104] http://www.focus.de/magazin/archiv/nacht-der-schande-birgit-kelle-40-journalistin-buchautorin-engagierte-christin-und-feministin_id_5196184.htm, l9.01.2016.
[105] http://www.taz.de/!5134406/, 07.10.2010.
[106] Hamburger Morgenpost, 21.07.2016.
[107] https://www.welt.de/print/die_welt/debatte/article150713667/Folgen-falscher-Toleranz.html, 07.01.2016.
[108] http://www.tagesspiegel.de/meinung/reaktionaere-muslime-und-die-integration-ideologiekritik-statt-religionsversteher-rassismus/12721502.html, 11.01.2016.
[109] http://www.spiegel.de/spiegel/a-603321.html, 26.01.2009.
[110] https://www.welt.de/vermischtes/article146983855/Islamverbandsvertreter-redet-sich-um-Kopf-und-Kragen.html, 29.09.2015.
[111] Brettfeld/Wetzels, a. a. O., 193.
[112] http://www.tagesspiegel.de/politik/demokratieforscher-wolfgang-merkel-die-kanzlerin-hat-die-buerger-entmuendigt/12969090.html, 19.02.2016.
[113] https://www.welt.de/debatte/article156781355/Deutschland-ist-immer-noch-kein-normales-Land.html, 04.07.2016.
[114] http://www.faz.net/aktuell/politik/die-gegenwart/wolfgang-thierse-ueber-integration-von-fluechtlingen-in-deutschland-14170909.html, 19.04.2016.
[115] http://www.huffingtonpost.de/kristina-schroeder/islam-terror-religion-integration_b_11650838.html, 22.08.2016.
[116] Brettfeld/Wetzels, a. a. O., 103; ebd. die beiden folgenden Zitate.

[117] http://www.deutschlandfunk.de/integration-von-zuwanderern-das-ergebnis-ist-die-afd.694.de.html?dram:article_id=364740, 02.09.2016.
[118] Navid Kermani, Ungläubiges Staunen. Über das Christentum, 12. Auflage, München 2016.
[119] http://www.zeit.de/2015/26/navid-kermani-friedenspreis-des-deutschen-buchhandels, 27.06.2015.
[120] http://www.volkmarklein.de/images/Themen/Infos/info_aus_berlin_24.pdf, August 2016, 2.
[121] http://www.bild.de/politik/inland/bundeskriminalamt/interview-mit-bka-chef-44179412.bild.html, 17.01.2016.
[122] Josua, a. a. O., 9 f.
[123] Reinhard Hempelmann, Dialog und Mission – kein Widerspruch, in: Materialdienst der EZW, 8/2016, 284.
[124] Siehe oben Anm. 2.
[125] Reinhard Hempelmann, Dialog und Mission, a. a. O., 283.
[126] Klarheit und gute Nachbarschaft, a. a. O., 112.
[127] »Macht hoch die Tür«, in: Evangelisches Gesangbuch, Nr. 1, hier Strophe 1.
[128] Karl R. Popper, Die offene Gesellschaft und ihre Feinde, 8. Auflage, Tübingen 2003, zitiert nach: https://www.welt.de/print-welt/article154640/Karl-Popper-ueber-Toleranz.html, 23.09.2006.
[129] Klarheit und gute Nachbarschaft, a. a. O., 113.
[130] Christlicher Glaube und religiöse Vielfalt, a. a.O., 9.
[131] Ebd., 15.
[132] Wolfhart Pannenberg, Kirche und Ökumene (Beiträge zur systematischen Theologie, Bd. 3), Göttingen 2000, 39.
[133] Ponniah Manoharan, Mission als Befreiung durch das Evangelium, in: Theologische Beiträge, 31/2000, S. 151.

[134] Zitiert ebd., 150.
[135] Fulbert Steffensky, Mut zur Endlichkeit. Sterben in einer Gesellschaft der Sieger, Stuttgart 2007, 39.
[136] IEEG-Newsletter, Jg. 7, Nr. 4, Dezember 2010, 3.
[137] Josua, a. a. O., 10.
[138] https://www.welt.de/debatte/article156781355/Deutschland-ist-immer-noch-kein-normales-Land.html, 04.07.2016.
[139] http://www.muslimisches-forum-deutschland.de/_PDF/Berliner-Thesen-des-MFD.pdf.
[140] Materialdienst der EZW, 11/2015, 420.
[141] http://www.deutschlandfunk.de/islamische-verbaende-in-deutschland-von-der-schwierigkeit.724.de.html?dram:article_id=319811, 14.05.2015.
[142] Neue Zürcher Zeitung, 07.09.2016.